다섯 글자로 끝내는
중국어 표현
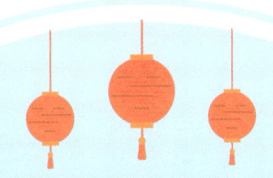
100

리리제제
지음

한다 중국어

다섯 글자로 끝내는 중국어 표현 100
5-Characters Essential Chinese Expressions 100

초판 발행 · 2024년 9월 9일

지은이 · 리리제제
발행인 · 이민경
발행처 · 하얀토끼
브랜드 · 한다 중국어
출판사 등록일 · 2024년 6월 7일
주소 · 경기도 성남시 분당구 성남대로 38
대표 전화 · 070-8027-2737
홈페이지 · www.hayantokky.com | **이메일** · hayantokky@hayantokky.com

· 한다 중국어는 하얀토끼의 어학 단행본 브랜드입니다.
· 이 책에 실린 모든 내용, 디자인, 이미지, 편집 구성의 저작권은 하얀토끼와 지은이에게 있으며 허락 없이 복제하거나 전재할 수 없습니다.
· 이 책 내용의 전부 또는 일부를 이용하려면 반드시 사전에 저작권자와 하얀토끼의 서면 동의를 받아야 합니다.

©리리제제, 2024
ISBN 979-11-988321-0-8 (03720)
하얀토끼 도서번호 108001

정가 17,000원

세상을 더 행복하게 만드는 **하얀토끼**
하얀토끼 | 어린이 교양서, 유아·어린이 학습서
한   다 | 어학 학습서, 취미실용서, 자기개발서

중국어로 하고 싶은 말은
5글자 안에서 끝난다!

중국인과 대화하는 상상만으로도 머리가 지끈거리고 땀부터 나는 분 많으시죠? 자신에게 필요한 표현만 골라 쉽게 배우고, 초보 티 안 내고 중국어로 유창하게 한 마디 할 수 있는 방법을 알려드립니다.

원어민이 쓰는 가장 쉬운 표현만 모았으니까.
하고 싶은 말만 골라 쓰세요!

이 책은 '응', '아니'와 같은 간단한 의사 표현부터 디테일한 감정 표현, 상황별, 장소별 자주 쓰는 표현, 중국 여행에 필요한 표현까지 '원어민이 실제 자주 쓰는 쉽고 간단한 표현'을 기준으로 모았습니다. mp3 파일을 들으며 원어민 성우의 발음을 듣고 따라 연습해 보세요.

<눈에 보이는 발음·성조 표기법>이 있으니까.
이제 초보 티 내지 말고 자신 있게 말하세요!

혼자 공부하는 사람도 정확한 발음을 할 수 있도록 최초로 만들고, 10년 넘게 연구 및 수업에 적용하며 완성한 '눈에 보이는 발음·성조 표기법'과 노하우를 책 속에 녹였습니다. 보이는 대로 읽기만 하면 정확한 발음과 성조로 말할 수 있어요.

잠깐 암기해도 바로 써먹으니까.
하고 싶은 말만 골라 쓰세요!

우리말 뜻을 참고해 내가 평소 자주 쓰는 말부터 골라 외우는 것을 추천합니다. 중국어가 급하다면 지금 당장 필요한 표현을 골라 표시해 두고 적절한 상황에서 말해 보세요. 문장이 어느 정도 익숙해졌다면 예문과 쉬어가기 코너의 단어를 활용하여 직접 문장을 만들어 보세요.

하고 싶은 말을 속 시원히 하는 그날까지, 加油!

리리제제

이 책의 학습법

표현을 확인하세요!
배울 표현의 뜻을 먼저 확인한 다음 표현을 사용하는 상황과 꼭 필요한 핵심을 알아보세요.

강의와 원어민 음원을 들어 보세요!
QR코드를 스캔하여 강의를 보거나, 원어민 성우의 음성을 들을 수 있습니다. 원어민 성우의 발음을 여러 번 듣고 따라 하면 네이티브 발음에 가까워집니다.

상황에 몰입해 보세요!
표현을 적절히 사용할 수 있는 상황을 그림으로 제시합니다. 그림 속 주인공이 되어 표현을 말해 보세요.

한자와 한어병음을 익혀 보세요!
배울 표현의 중국어, 한어병음을 눈에 익숙하도록 익힙니다.
★ 눈에 보이는 발음·성조 표기법
중국어가 처음인 학습자를 위해 우리말 발음과 높낮이를 표기했습니다.

회화 연습을 하세요!
실제 상황에서 표현이 입에서 바로 '톡!'하고 튀어나올 수 있도록 대화를 보며 말해 보세요.
★ AI 회화 연습
언제, 어디서든 책에 나온 대화를 연습해 볼 수 있습니다.

MP3 듣기 및 다운로드

스마트폰에서 강의 보기나 MP3 파일 듣기 및 다운로드를 할 수 있습니다.

차례

머리말	003
이 책의 학습법	004
차 례	005

준비학습 한 눈에 정리하는 중국어 발음, 성조

중국어를 알아볼까요?	010
성조 · 경성	012
성모	013
운모	014

PART 01 한 글자로 확실히 전달하는 의사표현

001	응? 啊?	016
002	응. 嗯。	018
003	아니. 不。	020
004	좋아요! 好!	022
005	응 / 네. 是。	024
006	괜찮아요. 行。	026
007	할 수 있어요. 能。	028
008	맞아요. 对。	030
009	할 줄 알아요. 会。	032
010	필요해요. 要。	034

PART 02 기본 중의 기본, 중국어 인사 표현

011	안녕? / 안녕하세요. 你好!	038
012	잘 가요. 再见!	040
013	좋은 아침이에요! 早!	042
014	오랜만이에요. 好久不见。	044
015	요즘 바빠요? 最近忙吗?	046
016	여보세요? 喂?	048
017	고마워요. 谢谢。	050
018	미안해요. 不好意思。	052
019	잘 자요. 晚安。	054
020	생일 축하해요. 生日快乐!	056

PART 03 다섯 글자로 나를 소개하는 표현

- 021 제 이름은 이도희입니다. 我叫李圖禧。 060
- 022 저는 한국 사람입니다. 我是韩国人。 062
- 023 저는 서른 살이에요. 我三十岁。 064
- 024 나는 호랑이띠야. 我属虎。 066
- 025 저는 서울에 살아요. 我住在首尔。 068
- 026 저는 남동생이 있어요. 我有弟弟。 070
- 027 저는 중국어를 배워요. 我学汉语。 072
- 028 저는 운동을 좋아해요. 我喜欢运动。 074
- 029 중국에 가 본 적이 있어요. 我去过中国。 076
- 030 베이징에 가 보고 싶어요. 我想去北京。 078

PART 04 하루에도 몇 번씩 입에 달고 사는 표현

- 031 헐! 晕! 082
- 032 진짜? 真的吗? 084
- 033 어떡해. 怎么办? 086
- 034 알았어. 知道了。 088
- 035 망했어. 完了。 090
- 036 너무해! 真是的! 092
- 037 당연하지! 当然! 094
- 038 거의 다 됐어. 差不多了。 096
- 039 정말 잘 됐다! 太好了! 098
- 040 피곤해 죽겠어. 累死了。 100

PART 05 친구 사이에 자주 쓰는 표현

- 021 나 오늘 쉬는 날이야. 我今天休息。 104
- 022 너 어디 있어? 你在哪儿? 106
- 023 우리 어디 갈까? 我们去哪儿? 108
- 024 지하철 타고 가자. 坐地铁去吧。 110
- 025 너무 신나! 好开心。 112
- 026 또 왜? 又怎么了? 114
- 027 어이가 없네. 无语了。 116
- 028 너무 오버하는 거 아냐? 太夸张了吧。 118
- 029 파이팅! 加油! 120
- 030 걱정하지 마. 别担心。 122

PART 06 학교·회사에서 자주 쓰는 표현

- 051 잠깐 시간 있어요? 有空吗? 126
- 052 오늘 밤새야 해요. 今天要熬夜。........ 128
- 053 도와줄까? 需要帮忙吗? 130
- 054 준비 다 됐나요? 准备好了吗? 132
- 055 확인해 볼게요. 我确认一下。........ 134
- 056 문제없어요. 我有弟弟。........ 136
- 057 저만 믿으세요. 相信我! 138
- 058 수고했어. 辛苦你了。........ 140
- 059 건배! 干杯! 142
- 060 그럼 나 먼저 갈게. 那我先走了。........ 144

PART 07 밥 먹으러 갈 때, 식당에서 자주 쓰는 표현

- 061 밥 먹었어? 你吃饭了吗? 148
- 062 입맛 없어. 没胃口。........ 150
- 063 내가 쏠게! 我请客! 152
- 064 나는 볶음밥 먹을래. 我要吃炒饭。........ 154
- 065 너 뭐 마시고 싶어? 你想喝什么? 156
- 066 메뉴판 주세요. 菜单。........ 158
- 067 주문할게요.. 点菜。........ 160
- 068 너무 맛있어! 很好吃。........ 162
- 069 조금 짜. 有点儿咸。........ 164
- 070 계산이요. 买单。........ 166

PART 08 쇼핑할 때 자주 쓰는 표현

- 071 너 뭐 살 거야? 你要买什么? 170
- 072 나는 티셔츠 사려고. 我要买T恤。........ 172
- 073 입어 봐도 되나요? 可以试穿吗? 174
- 074 나한테 어울려? 适合我吗? 176
- 075 진짜 예쁘다! 真漂亮! 178
- 076 조금 커요. 有点儿大。........ 180
- 077 빨간색 있어요? 有红色吗? 182
- 078 얼마예요? 多少钱? 184
- 079 깎아주세요. 便宜点儿。........ 186
- 080 너무 비싸요. 太贵了。........ 188

PART 09 만남부터 헤어짐까지 연인 사이에 자주 쓰는 표현

081	나는 너를 사랑해. 我爱你。	192
082	나 사랑해? 爱我吗?	194
083	이게 뭐야? 这是什么?	196
084	마음에 들면 좋겠어. 希望你喜欢。	198
085	나는 너 밖에 없어. 我只有你。	200
086	내가 어떻게 알아! 我怎么知道!	202
087	화내지 마. 你别生气了。	204
088	다음에 다시 얘기하자. 下次再说吧。	206
089	무슨 뜻이야? 什么意思?	208
090	우리 헤어져. 我们分手吧。	210

PART 10 중국 사람들이 SNS에서 자주 쓰는 표현

091	인스타 팔로우 해. 加个ins吧!	214
092	인친님~ 亲爱的	216
093	#인스타핫플 #网红餐厅	218
094	ㅋㅋㅋ 哈哈哈	220
095	요즘 바빠요? 我分享一下。	222
096	하나 추천해 주세요. 推荐一个吧。	224
097	주문했어요. 下单了。	226
098	대박이야! 绝了!	228
099	완전 꿀잼! 超搞笑!	230
100	멘붕이야. 崩溃了。	232

※ 이 책에서는 중국어와 한어병음이 낯선 초보자를 위해 고안한 <눈에 보이는 발음·성조 표기법>으로 원어민 발음에 가깝게 우리말로 발음과 성조 표시를 했습니다.

※ 중국어 발음 한글 표기는 외국어 표기법을 미준수하고 실제 발음에 더 가깝게 표기했습니다.

준비학습

한 눈에 정리하는 중국어 발음, 성조

준비학습에서는 중국어를 배울 때 기본이 되는 발음과 성조를 정리했습니다. 이 책에서는 중국어와 한어병음이 낯선 초보자를 위한 <눈에 보이는 발음·성조 표기법>이 있어 바로 Part 1 학습을 해도 되지만 스스로 한어병음을 보고 말하고 싶다면 준비학습부터 차근차근 공부해 보세요.

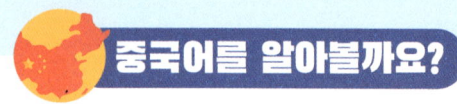

1. 중국어는 어떤 언어인가요?

중국은 56개의 민족으로 구성된 다민족 국가입니다. 인구의 90% 이상을 한족(汉族)이 차지하고 있고, 55개의 소수민족이 있습니다. 한족이 사용하는 말을 중국어라고 칭하고 한어(汉语)라고 합니다.

중국은 면적이 넓고 다양한 민족으로 구성되어 있어 지방과 민족마다 사용하는 방언의 차이가 심합니다. 중국 사람들끼리도 의사소통을 하는 데 어려움이 있기도 합니다.

1949년 중화인민공화국이 설립된 이후 표준어를 제정했는데, 중국의 표준어를 보통화(普通话)라고 합니다. 보통화는 북방 방언을 기초로, 베이징어의 발음을 기준으로, 현대 우수한 문학 작품의 중국어 문법을 표본으로 제정했습니다.

2. 중국어 글자는 우리가 쓰는 한자와 다른가요?

중국에서 쓰는 한자는 우리나라에서 쓰는 한자와 조금 다릅니다. 우리가 쓰는 한자는 정자인 번체자(繁体字)이고, 중국에서 쓰는 한자는 간체자(简体字)라고 합니다. 그러나 홍콩, 마카오, 대만에서는 우리와 같은 번체자를 사용합니다.

3. 중국어는 어떻게 읽을까요?

한자는 표의문자로 의미만 나타내기 때문에 알파벳에 성조 표기를 더한 한어병음(汉语拼音)으로 발음을 표기하고 줄여서 병음(拼音)이라고 합니다. 한어병음은 성모, 운모, 성조 세 가지 요소로 구성되어 있습니다.

 성조·경성

성조(声调)는 소리의 높낮이를 말합니다. 중국어는 4개의 성조가 있습니다. 같은 발음이라도 성조가 다르면 의미가 달라지기 때문에 성조에 주의하여 연습해야 합니다.

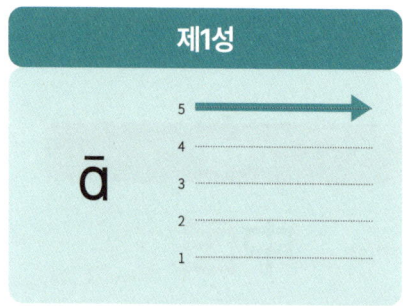

제1성은 가장 높고 평평한 소리입니다. 처음 시작하는 소리와 끝나는 소리의 높이가 같으며, 소리가 앞으로 곧게 뻗어 나가도록 발음합니다.

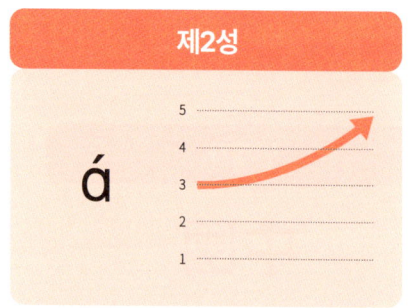

제2성은 중간 음에서 높은 음으로 부드럽게 올라가는 소리입니다. 평소 내는 목소리에서 시작하여 제1성에서 냈던 높은 소리까지 부드럽게 올려 발음합니다.

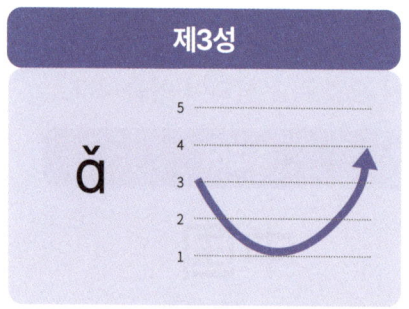

제3성은 중간 음에서 가장 낮은 음까지 내렸다 올라오는 소리입니다. 평소 내는 목소리에서 낼 수 있는 가장 낮은 곳을 찍고 공이 튀어 오르듯 평소 목소리보다 조금 높은 위치까지 소리를 올려 발음합니다.

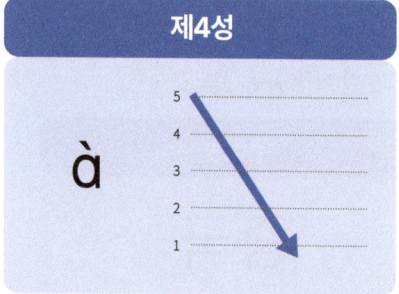

제4성은 높은 음에서 가장 낮은 음으로 강하고 빠르게 떨어지는 소리입니다. 제1성과 같은 높이에서 시작하여 소리를 바닥으로 세고 빠르게 '뚝!' 떨어뜨린다고 생각하며 발음합니다.

경성(轻声)은 단어나 문장에서 발음하기 편하도록 원래 가지고 있는 성조 대신 짧고 가볍게 발음하는 것을 말합니다.

哥哥 gēge [끄→어 거] 오빠, 형 | **姐姐** jiějie [지이에 지에] 언니, 누나

 성모

성모(声母)는 운모와 결합해 소리를 낼 때 첫 소리로, 우리말의 자음과 비슷하며 21개가 있습니다.

입술을 붙였다 떼며 내는 소리	b (ㅂ/ㅃ)	p (ㅍ)	m (ㅁ)	
윗니를 아랫입술에 붙였다 떼며 내는 소리	f (f)			
혀끝을 윗잇몸 뒤에 붙였다 떼며 내는 소리	d (ㄷ/ㄸ)	t (ㅌ)	n (ㄴ)	l (ㄹ)
혀뿌리를 입천장 안쪽에 붙였다 떼며 내는 소리	g (ㄱ/ㄲ)	k (ㅋ)	h (ㅎ)	
혀를 평평하게 하고 양쪽 입꼬리를 힘주어 당기면서 내는 소리	j (ㅈ/ㅉ)	q (ㅊ)	x (ㅅ/ㅆ)	
혀끝을 윗니 뒷면에 붙였다 떼며 내는 소리	z (ㅈ/ㅉ)	c (ㅊ)	s (ㅅ/ㅆ)	
혀끝을 입천장 가까이 들어 올려 내는 소리	zh (zh/ㅈ/ㅉ)	ch (ch/ㅊ)	sh (sh/ㅅ)	r (ㄹ)

 운모

운모(韻母)는 성모를 제외한 나머지 부분으로, 우리말의 모음 또는 모음 +받침과 비슷합니다. 운모는 6개의 기본 운모와 기본 운모를 조합한 복운모가 있습니다.

a 아	ai 아이	ao 아오	an 안	ang 앙	
o 오(어)	ou 어우	ong 옹			
e 으(어)	ei 에이	en 으언	eng 으엉	er 얼	
i (yi) 이	ia (ya) 이아	ie (ye) 이에	iao (yao) 이아오	iou (iu/you) 이어우	
	ian (yan) 이엔	ien (in/yin) 인	iang (yang) 이양	ieng (ing/ying) 이응	iong (yong) 이옹
u (ya) 우	ua (wa) 우아	uo (wo) 우어	uia (wai) 우아이	uei (ui/wei) 우에이	
	uan (wan) 우안	uen (un/wen) 우언	uang (wang) 우앙	ueng (weng) 우엉	
ü (yu) 위	üe (yue) 위에	üan (yuan) 위엔	üen (ün/yun) 윈		

한 글자로 확실히 전달하는 의사표현

Part 1에서는 한 글자로 의사소통 할 수 있는 표현과 부정형을 배울 거예요. 낯선 중국어의 발음과 성조에 익숙해지고, 자신있게 소리 내는 것을 목표로 공부해 보세요.

001 다시 물어보기

응?
啊?

상대방의 말을 잘 못 들었을 때 당황하지 말고 이 표현을 활용해 보세요. 우리말로 '응?', '뭐라고?'처럼 다시 말해주기를 요청하는 표현입니다. a [아]를 은근슬~쩍 올라가는 2성으로 발음하면 됩니다. 놀라거나 의외일 때 확인하는 뉘앙스로도 사용할 수 있습니다.

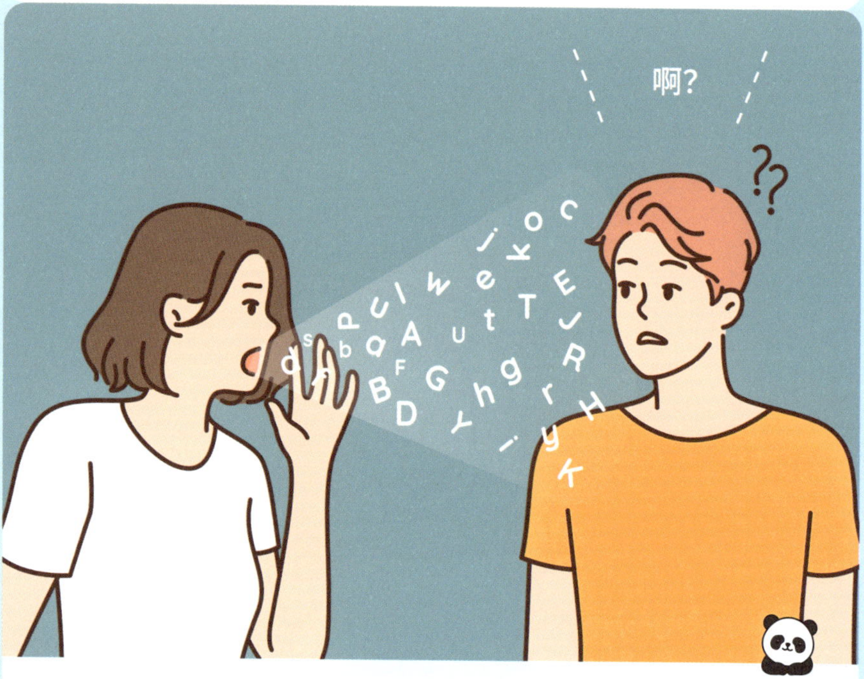

啊?

Á?

아↗

단어

啊 á [다시 말해주기를 요청할 때 쓰는 감탄사]

🔸🔸🔸 중국어로 말해 보세요! 🔸🔸🔸

1

@#$%%$#@#$%

응?
啊?

Á?

2

你好! 明洞站怎么走?

네?
啊?

Á?

3

나는 따뜻한 아이스 아메리카노 마실래.

뭐? 따아야, 아아야?
啊?

Á?

4

여보세요, 건희 씨 번호 맞나요?

네? 잘못 거셨습니다.
啊?

Á?

002 대답하기

응.
嗯。

mp3 | 강의 보기

'응, 어, 네' 등으로 해석되는 긍정의 대답입니다. 친구 사이 또는 격식을 차리지 않고 손윗사람에게 말할 때나 가볍게 확인할 때 사용할 수 있습니다. 우리말 '응'을 4성으로 발음한 것과 비슷합니다. '응!' 하고 뒤에 느낌표가 추가된 것뿐이라고 생각하고 편하게 말해 보세요.

嗯。
Èng.
응↘

단어

嗯 èng(ǹg) 응, 그래

●●● 중국어로 말해 보세요! ●●●

1

저녁때 고기 먹을까?

응!
嗯。
Èng.

2

주말에 영화 보러 갈래요?

네, 좋아요.
嗯。
Èng.

3

날씨 너무 좋다!
밥 먹고 좀 걸을까?

응응!
嗯嗯！
Èng èng!

4

제주도 여행 가는 거 어때?

ㅇㅇ 완전 좋지!
嗯嗯。
Èng èng.

003 대답하기

아니.
不。

mp3 | 강의 보기

익숙한 한자 '不 아닐 부' 한 글자만 말해도 '아니, 아니요' 등을 나타내는 부정의 대답이 됩니다. 4성으로 뚝 떨어지는 발음을 주의하며 연습해 보세요. '不, 不', '不, 不, 不'와 같이 여러 번 말하면 '아니, 아니', '아니, 아니, 아니'하고 좀 더 강하게 또는 다급하게 말하는 뉘앙스가 됩니다.

不。

不。
Bù.
뿌↘

단어

不 bù [부정을 나타냄]

●●● 중국어로 말해 보세요! ●●●

1

 이거 네 거야?

아니.
不。
Bù.

2

 이 의자 사용하시는 건가요?

아니요.
不。
Bù.

3

 이거 내 선물이야?
열어봐도 돼?

아니, 아니! 네 건 여기 있어.
不, 不!
Bù, bù!

4

 우리 저 버스 타는 거 맞지?

아니, 아니, 아니!
不, 不, 不!
Bù, bù, bù!

004 대답하기

좋아요!
好!

mp3 | 강의 보기

好는 '좋다'라는 뜻의 동사인데, 한 글자만 말하면 '좋아(요)', 'OK'라는 뜻의 자주 쓰는 긍정의 대답이 됩니다. 일상 속에서 '좋아(요)!' 'OK!'라고 말할 때마다 한 번씩 떠올리거나 소리 내어 말해 보세요. 반대말인 '안 좋아요', '나빠요'는 앞에 부정을 나타내는 不 bù를 붙여 不好 bù hǎo라고 합니다.

好!
Hǎo!
하아오

단어

好 hǎo 좋다

중국어로 말해 보세요!

1

우리 집에 저녁 먹으러 올래?

좋아!
好！
Hǎo!

2

제가 해 보겠습니다!

좋아요.
好！
Hǎo!

3

이 노래 어때?

별로. 내 스타일은 아니야.
不好。
Bù hǎo.

4

그 컴퓨터는 성능이 좋아?

안 좋아.
不好。
Bù hǎo.

005 대답하기

응. / 네.
是。

mp3 | 강의 보기

是은 '응, 네, 그래, 그렇습니다'라는 긍정의 대답입니다. 嗯 èng이 구어체나 SNS에서 주로 사용된다면, 是은 가장 기본적인 표현입니다. 반대말 '아니, 아닙니다'는 앞에 不 bù를 붙여 不是이라고 하는데, shì과 같이 4성으로 발음되는 한자 앞의 不는 2성 bú로 발음하기 때문에 bú shì이라고 해야 합니다.

是。

是。
Shì.

sh↘으

단어

是 shì 네, 그래, 그렇습니다

중국어로 말해 보세요!

1

우와, 이거 네가 쓴 책이야?

응.
是。
Shì.

2

당신은 한국 사람입니까?
你是韩国人吗?
Nǐ shì Hánguórén ma?

네.
是。
Shì.

你 nǐ 너, 당신 | 韩国人 Hánguórén 한국 사람 | 吗 ma [의문을 나타냄]

3

강남역에서 갈아 타?

아니.
不是。
Bú shì.

4

당신은 중국 사람입니까?
你是中国人吗?
Nǐ shì Zhōngguórén ma?

아니요.
不是。
Bú shì.

中国人 Zhōngguórén 중국 사람

006 대답하기

괜찮아요.
行。

mp3 | 강의 보기

'좋아(요), 괜찮아(요)'라고 대답할 때 쓸 수 있는 표현입니다. 초대나 요청을 받았을 때 등 흔쾌히 대답하는 상황에서 사용해 보세요. 반대말인 '안 돼요, 안 됩니다'라고 말할 때는 앞에 부정을 나타내는 不 bù를 붙여 不行 bù xíng이라고 합니다.

行。
Xíng.

씨이응/씨⌐잉

단어

行 xíng 좋다, 괜찮다

중국어로 말해 보세요!

1

바다 보러 갈래?

좋아!
行!
Xíng!

2

중국어 공부 같이 할래?

좋아!
行!
Xíng!

3

과자 먹어도 돼요?

안 돼. 밥 먹고 먹어야지.
不行。
Bù xíng.

4

조금 더 깎아주시면 안 돼요?

안 돼요, 안 돼.
不行。
Bù xíng.

007
대답하기

할 수 있어요.
能。

mp3 | 강의 보기

'할 수 있다'라는 의미의 能 한 글자만 말해도 할 수 있는 능력이 있음을 나타내는 표현이 됩니다. 반대로 '할 수 없어(요)'는 不能 bù néng이라고 하며, 조건이나 상황 등이 여의치 않아 할 수 없음을 나타냅니다. 能 대신 가능함을 나타내는 可以 kěyǐ [ㅋ↗어 이↘이], 不能 대신 불가능함을 나타내는 不可以 bù kěyǐ [뿌↘ ㅋ↗어 이↘이]를 쓸 수도 있습니다.

能。

能。
Néng.
너↗엉

 단어

能 néng 할 수 있다[능력을 나타냄]

중국어로 말해 보세요!

1

자막 없이 중드 볼 수 있어?

응.
能。
Néng.

2

이거 고칠 수 있어?

아니. 서비스 센터 가야 할 것 같아.
不能。
Bù néng.

3

데리러 와 줄 수 있어요?

네, 가능해요.
可以。
Kěyǐ.

4

여기서 사진을 찍어도 되나요?

안 됩니다.
不可以。
Bù kěyǐ.

008
대답하기

맞아요.
对。

mp3 | 강의 보기

상대방이 말한 내용이 맞을 때 이 표현을 활용해서 대답해 보세요. 对는 '맞다, 옳다'라는 뜻의 동사인데, 한 글자만 말하면 '맞아(요)'라는 대답이 됩니다. '아니에요, 틀렸어요'는 앞에 不를 붙여 不对 bú duì라고 합니다. 4성 duì 앞의 不가 2성 bú로 바뀌는 것을 잊지 마세요!

对。
Duì.

뚜에이

단어

对 duì 맞다, 옳다

중국어로 말해 보세요!

1

 IT 관련 일을 하실 것 같아요.

맞아요.
对。
Duì.

2

 6시 반에 펌 예약하셨죠?

맞아요.
对。
Duì.

3

 이거 네 인스타야?

아니야.
不对。
Bú duì.

4

 저분이 대표님 맞으시죠?

아니에요.
不对。
Bú duì.

009 대답하기

할 줄 알아요.
会。

mp3 | 강의 보기

상대방이 할 수 있는지, 할 줄 아는지 물어봤을 때 사용할 수 있는 대답입니다. 会 huì는 '할 수 있다'라는 뜻의 동사인데, 可以 kěyǐ나 能 néng과 달리 배워서 할 수 있는 것을 나타냅니다. (배운 적이 없어서) 못 한다고 말할 때는 不会 bú huì라고 하면 됩니다.

会。
Huì.

후에이

단어

会 huì (배워서) 할 수 있다, 할 줄 안다

중국어로 말해 보세요!

1

피아노 칠 수 있어요?

네, 칠 수 있어요.
会。
Huì.

2

중국어 할 줄 알아?

응.
会。
Huì.

3

자전거 탈 줄 알아?

아니.
不会。
Bú huì.

4

김 대리님, 코딩할 줄 아세요?

못 해요.
不会。
Bú huì.

010 대답하기

필요해요.
要。

mp3 | 강의 보기

要는 '필요하다'라는 뜻의 동사입니다. 상대방이 무언가를 '줄까(요)?' 또는 '필요해(요)?'라고 물었을 때 대답으로 쓸 수 있는 표현입니다. '필요 없어(요)', '됐어(요)'라고 말할 때는 앞에 不를 붙여서 不要 bú yào라고 합니다. 4성 yào 앞의 不가 2성으로 바뀌는 것에 주의하세요!

要。

要。
Yào.
야↘오

단어

要 yào 필요하다, 바라다, 원하다

🔸🔸🔸 중국어로 말해 보세요! 🔸🔸🔸

1

 그 옷이 필요해?

응, 필요해.
要。
Yào.

2

 담아 가실 봉투 필요하세요?

네, 주세요.
要。
Yào.

3

 내가 도와줄게.

아니, 괜찮아.
不要。
Bú Yào.

4

 고수 넣어드릴까요?

아니요, 필요 없어요.
不要。
Bú Yào.

육하원칙 정도는 말할 수 있다!

 자주 쓰는 의문사를 알아볼까요?
단어 하나만 말해도 간단하게 궁금한 것을 물어볼 수 있습니다.

mp3 | 강의 보기

谁?
Shéi?
누구? 누가?

什么时候?
Shénme shíhòu?
언제?

(在)哪儿?
(Zài) Nǎr?
어디(서)?

什么?
Shénme?
무엇?

怎么?
Zěnme?
어떻게?

为什么?
Wèishénme?
왜?

怎么样?
Zěnmeyàng?
어때?

哪个?
Nǎ ge?
어느 것?

기본 중의 기본,
중국어 인사 표현

Part 2의 기본적인 중국어 인사 표현은 꼭 알아 두세요. 외국인이 서툴더라도 우리말로 인사를 건네면 더 친근한 느낌이 드는 것처럼 중국 사람을 만났을 때나 중국에 갔을 때 친근하게 한 마디 건넬 수 있게 될 거예요.

011 인사하기

안녕? / 안녕하세요.
你好！

你好는 가장 보편적인 인사입니다. nǐ hǎo처럼 3성과 3성이 연이어 나올 경우에는 앞의 3성을 2성으로 바꾸어 발음합니다. 격식과 예의를 차려야 하는 상황에서나 대상에게는 '您好！ Nín hǎo! [니↗인 하↓아오]'라고 하고, 영어의 'Hello', 'Hi' 발음과 비슷하게 '哈喽！ Hālōu! [하→러→우]', '嗨！ Hāi! [하→이]'라고도 합니다.

你好!

Nǐ hǎo!

니↗이 하↓아오

단어

你 nǐ 너, 당신 | 好 hǎo 좋다, 안녕하다 | 你好 nǐ hǎo 안녕, 안녕하세요[보편적인 인사]

중국어로 말해 보세요!

1

안녕?
你好!
Nǐ hǎo!

안녕?
你好!
Nǐ hǎo!

2

안녕하세요.
你好!
Nǐ hǎo!

안녕하세요.
你好!
Nǐ hǎo!

3

안녕하세요.
您好!
Nín hǎo!

안녕하세요.
您好!
Nín hǎo!

您 nín [니ㄱ인] [你의 높임말]

4

ㅎㅇ
嗨!
Hāi!

ㅎㅇ
哈喽!
Hālōu!

嗨 hāi 하이, Hi | 哈喽 hālōu 헬로우, Hello

012 인사하기

잘 가요.
再见!

mp3 | 강의 보기

再 zài는 '다시', 见 jiàn은 '보다, 만나다'라는 뜻으로, '안녕', '잘 가', '다음에 또 봐', '안녕히 가세요(계세요)'로 사용할 수 있는 헤어질 때 인사입니다. 영어의 Bye-bye 발음과 비슷한 拜拜! bàibai [빠↘이 바이]도 함께 알아두세요.

再见!
Zàijiàn!
짜↘이 찌↘엔

단어

再见 zàijiàn 잘 가, 또 봐, 안녕히 가세요(계세요) [헤어질 때 인사말]

중국어로 말해 보세요!

1

안녕. 조심히 가.

안녕.
再见！
Zàijiàn!

2

잘 가!
再见！
Zàijiàn!

또 보자!
再见！
Zàijiàn!

3

안녕히 가세요.
再见！
Zàijiàn!

안녕히 계세요.
再见！
Zàijiàn!

4

바이
拜拜！👋
Bàibai!

바바
拜拜！
Bàibai!

013 인사하기

좋은 아침이에요!
早!

mp3 | 강의 보기

早 zǎo는 '아침'이라는 뜻이 있는데, 아침에 하는 인사말 '좋은 아침이에요', '안녕하세요' 등으로도 쓸 수 있습니다. '아침'이라는 단어 早上 zǎoshang [짜아오 상] 뒤에 '좋다, 안녕하다'라는 뜻의 好 hǎo를 붙인 '早上好! Zǎoshang hǎo! [짜아오 상 하아오]'도 함께 알아 두세요.

早!

早!
Zǎo!
짜아오

단어

早 zǎo 좋은 아침(이에요), 안녕(하세요)[아침 인사]

●●● 중국어로 말해 보세요! ●●●

1

좋은 아침!
早!
Zǎo!

좋은 아침!
早!
Zǎo!

2

굿모닝!
早!
Zǎo!

좋은 아침!
早!
Zǎo!

3

굿모닝! 잘 잤어?
早!
Zǎo!

안녕히 주무셨어요?
早上好!
Zǎoshang hǎo!

早上 zǎoshang [짜오 샹] 아침 | 好 hǎo 좋다, 안녕하다

4

좋은 아침입니다.
早上好!
Zǎoshang hǎo!

좋은 아침이에요!
早上好!
Zǎoshang hǎo!

014 인사하기

오랜만이에요.
好久不见。

mp3 | 강의 보기

이 표현은 '오랜만이야', '오랜만이에요'라는 뜻으로 한동안 만나지 못했던 사람을 오랜만에 만났을 때 쓸 수 있는 인사말입니다. 한 글자씩 뜯어보면 '好 hǎo 아주', '久 jiǔ 오래', '不 bù(bú로 발음) 아니다, 못 하다', '见 jiàn 만나다'로, 아주 오래 만나지 못했다는 뜻입니다. 상대방이 먼저 인사를 건넸을 때 대답은 똑같이 好久不见이라고 하면 됩니다.

好久不见。

好久不见。
Hǎojiǔ bú jiàn.
하오 지어우 부 우 찌엔

 단어

好久 hǎojiǔ 오래되다, (시간이) 길다 | **不** bù [부정을 나타냄] | **见** jiàn 만나다

중국어로 말해 보세요!

1

오랜만이야!
好久不见。
Hǎojiǔ bú jiàn.

그러게! 이게 얼마 만이야.

2

오랜만이야.
好久不见。
Hǎojiǔ bú jiàn.

오랜만이다.
好久不见。
Hǎojiǔ bú jiàn.

3

오랜만에 뵙겠습니다. 잘 지내셨죠?
好久不见。
Hǎojiǔ bú jiàn.

오랜만이에요.
好久不见。
Hǎojiǔ bú jiàn.

4

오랜만이에요.
好久不见。
Hǎojiǔ bú jiàn.

오랜만에 뵙겠습니다.
好久不见。
Hǎojiǔ bú jiàn.

015 근황 물어보기

요즘 바빠요?
最近忙吗?

상대방과 가볍게 근황을 말할 때 활용할 수 있는 표현입니다. 最近 zuìjìn은 '최근, 요즘'이라는 뜻이고, 忙 máng은 '바쁘다'입니다. 문장 끝에 붙은 吗 ma는 의문문을 만드는 역할을 합니다. 대답은 '很忙 hěn máng [흐어언 마↗앙] (너무) 바빠요', '不忙 bù máng [뿌↘ 마↗앙] 안 바빠요', '还好 háihǎo [하↗이 하↗오] 그런대로 괜찮아요'라고 하면 됩니다.

最近忙吗?

最近忙吗?
Zuìjìn máng ma?
쭈에이↘찐↘ 마↗앙 마

단어

最近 zuìjìn 최근, 요즘 | **忙** máng 바쁘다 | **吗** ma …니?, …입니까?[의문을 나타냄]

중국어로 말해 보세요!

1

요즘 바빠요?
最近忙吗?
Zuìjìn máng ma?

아니요, 괜찮아요.

2

요즘 바빠? 얼굴 보기 힘드네.
最近忙吗?
Zuìjìn máng ma?

안 바빠.
不忙。
Bù máng.

3

요즘 바빠?
最近忙吗?
Zuìjìn máng ma?

그럭저럭.
还好。
Hái hǎo.

4

요즘 바빠?
最近忙吗?
Zuìjìn máng ma?

바빠요.
很忙。
Hěn máng.

016
전화하기

여보세요?
喂?

mp3 | 강의 보기

중국어로 '여보세요?'인 이 표현은 전화를 걸거나 받을 때마다 사용하기 때문에 한 번 외워 두면 평생 쓸 수 있는 유용한 표현입니다. 2성으로 부드럽게 올려서 발음하세요.

喂?
Wéi?
웨ᄀ이

단어

喂 wéi 여보세요

🟠🟠🟠 중국어로 말해 보세요! 🟠🟠🟠

1

여보세요?
喂？
Wéi?

여보세요?
喂？
Wéi?

2

여보세요?
喂？
Wéi?

여보세요? 네, 말씀하세요.
喂？
Wéi?

3

여보세요? 안녕하세요.
喂？你好！
Wéi? Nǐ hǎo!

여보세요?
喂？
Wéi?

4

여보세요?
喂？
Wéi?

여보세요? 안녕하세요.
喂？您好！
Wéi? Nín hǎo!

您 nín [你의 높임말]

017 감사 인사하기

고마워요.
谢谢。

mp3 | 강의 보기

'고마워', '고맙습니다'라는 감사 표현은 일상생활에서나 중국 여행을 갔을 때 자동으로 나오도록 연습해 두는 것이 좋습니다. 상대방이 谢谢라고 고마움을 표현했을 때 '천만에(요)', '에이, 뭘(요)'라고 하는 대답은 不客气 Bú kèqi [부↗우 크↘어 치] 또는 不用谢 Búyòng xiè [부↗우 용↘ 씨↘에]입니다.

谢谢。

谢谢。
Xièxie.

씨↘에 씨에

단어

谢谢 xièxie 고마워, 고맙습니다 [감사 인사]

●●● 중국어로 말해 보세요! ●●●

1

고마워.
谢谢。
Xièxie.

더 도와줄 건 없어?

2

잘 가.
再见!
Zàijiàn!

덕분에 즐거웠어. 고마워.
谢谢。
Xièxie.

3

고마워.
谢谢。
Xièxie.

에이, 뭘~
不客气。
Bú kèqi.

不客气 bú kèqi 천만에(요), 별말씀을(요)

4

고마워.
谢谢。
Xièxie.

별말씀을요.
不用谢。
Búyòng xiè.

不用 búyòng [부ㄱ우용ㅋ] …할 필요가 없다 | **谢** xiè [씨ㅋ에] 고맙다, 고마워하다

018 사과하기

미안해요.
不好意思。

mp3 | 강의 보기

일상에서 비교적 가벼운 실수로 사과할 때 자주 쓰는 표현입니다. 또, '실례합니다'의 의미로도 사용할 수 있습니다. 대답은 '괜찮아(요)'라는 뜻의 没关系 Méi guānxi [메↗이 꾸→안 씨] 또는 没事(儿) Méishì(r) [메↗이 sh↘얼]이라고 합니다. 对不起 Duìbuqǐ [뚜→에이 부 치↗이]도 '미안해(요)'라는 사과 표현인데, 비교적 큰 실수나 잘못을 인정할 때 사용합니다.

不好意思。

不好意思。
Bùhǎo yìsi.
뿌↘ 하↓아오 이↓쓰

단어

不好意思 bùhǎo yìsi 부끄럽다, 난처하다

중국어로 말해 보세요!

1

미안해.
不好意思。
Bùhǎo yìsi.

괜찮아.
没关系。
Méi guānxi.

没关系 méi guānxi 괜찮다, 문제없다

2

죄송합니다.
对不起。
Duì bu qǐ.

괜찮습니다.
没关系。
Méi guānxi.

3

미안, 미안. 내가 너무 늦었지.
不好意思。
Bùhǎo yìsi.

괜찮아. 나도 방금 왔어.
没事。
Méi shì(r).

没事 méi shì(r) 괜찮다, 상관없다

4

저기… 실례합니다. 오늘 몇 시까지 영업하세요?
不好意思。
Bùhǎo yìsi.

10시까지 합니다.

019 인사하기

잘 자요.
晚安。

mp3 | 강의 보기

'잘 자', '안녕히 주무세요', '편안한 밤 보내세요'라는 뜻으로, 자기 전에 나누는 인사입니다. 상대방이 晚安이라고 인사를 건넸다면, 똑같이 晚安이라고 인사하면 됩니다. 오늘 밤 잠들기 전에 말할 수 있도록 연습해 보세요.

晚安。
Wǎn'ān.
와아 안 안→

단어

晚安 wǎn'ān 잘 자, 안녕히 주무세요[잘 때 하는 인사]

●●● 중국어로 말해 보세요! ●●●

1

잘 자.
晚安。
Wǎn'ān.

잘 자.
晚安。
Wǎn'ān.

2

잘 자렴.
晚安。
Wǎn'ān.

안녕히 주무세요.
晚安。
Wǎn'ān.

3

안녕히 주무세요.
晚安。
Wǎn'ān.

편안한 밤 보내세요.
晚安。
Wǎn'ān.

4

자기야, 굿나잇!
宝贝，晚安。
Bǎobèi, wǎn'ān.

잘 자. 뽀뽀 쪽!
晚安。亲!
Wǎn'ān. Qīn!

宝贝 bǎobèi [바오뻬이] 보배, 보물, 아기, [연인 사이의 애칭] | 亲 qīn [친→] 뽀뽀, 키스

020 생일 축하하기

생일 축하해요.
生日快乐!

'즐겁다', '유쾌하다'라는 뜻의 快乐 kuàilè를 활용해서 '(기념일을) 축하해, (기념일을) 즐겁게 보내'라는 축하 인사를 할 수 있습니다. 生日 shēngrì은 '생일'을 뜻하므로 '생일 축하해(요)'가 됩니다. 기념일을 나타내는 단어만 바꾸면 새해 인사와 크리스마스 인사도 할 수 있습니다.

生日快乐!

生日快乐!
Shēngrì kuàilè!

셩→r↘을 쿠↘와이르↘어

단어

生日 shēngrì 생일 | 快乐 kuàilè 즐겁다, 유쾌하다

●●● 중국어로 말해 보세요! ●●●

1

생일 축하해!
生日快乐!
Shēngrì kuàilè!

고마워요.
谢谢。
Xièxie.

2

너의 생일을 축하해!
祝你生日快乐。
Zhù nǐ shēngrì kuàilè!

고마워.
谢谢。
Xièxie.

祝 zhù [zh↘우] 축하하다 | 你 nǐ 너, 당신

3

새해 복 많이 받으세요.
新年快乐!
Xīnnián kuàilè!

새해 복 많이 받으세요.
新年快乐!
Xīnnián kuàilè!

新年 Xīnnián [씬→ ㄴㅣㄱㅔㄴ] 새해(양력 1월 1일)

4

메리 크리스마스!
圣诞节快乐!
Shèngdànjié kuàilè!

메리 크리스마스!
圣诞节快乐!
Shèngdànjié kuàilè!

圣诞节 Shèngdànjié [sh↘엉 딴↘ ㅈㅣㄱㅔ] 크리스마스

누구인지 정도는 말할 수 있다!

 자주 쓰는 인칭대명사를 알아볼까요?
단어 하나만 말해도 간단하게 사람 또는 사물, 동물을 말할 수 있습니다.

mp3 | 강의 보기

	단수	복수
1인칭	我 wǒ 나, 저	我们 wǒmen 우리(들), 저희(들)
2인칭	你 nǐ 너, 당신	你们 nǐmen 너희(들), 당신들
	您 nín [你의 높임말]	
3인칭	他 tā 그, 그 남자	他们 tāmen 그들, 그 남자들
	她 tā 그녀, 그 여자	她们 tāmen 그녀들, 그 여자들
	它 tā 그것(동물, 사물)	它们 tāmen 그것들(동물, 사물)

· 您의 복수형은 您们이라고 하지 않습니다.
· 它, 它们은 동물 또는 사물을 가리킬 때 사용합니다.
· 他/她/它와 他们/她们/们은 발음이 같으므로 한자를 보고 구분하거나, 대화의 맥락을 파악하여 알맞게 해석해야 합니다.

다섯 글자로
나를 소개하는 표현

Part 3에서는 다섯 글자 안에서 나를 소개하는 표현 10개를 배울 거예요. Part 3을 학습하고 나면 중국 친구를 사귈 때 자신을 소개할 수 있고, 배운 표현을 이어 말하면 중국어로 30초~1분 동안 자기소개를 할 수 있게 됩니다.

021 이름 말하기

제 이름은 이도희입니다.
我叫李圖禧。

처음 만났을 때 이름부터 소개하게 되는데요. 이 표현은 일상에서는 물론, 비즈니스 상황에서도 자주 사용합니다. 我 wǒ는 '나, 저', 叫 jiào는 '이름이 …이다, …라고 불리다'라는 뜻이고, 叫 뒤에 이름을 붙여 문장을 만들면 됩니다. 상대방의 이름을 물어보는 표현인 你叫什么名字? Nǐ jiào shénme míngzi? [니이이 찌아오 셔ㄱ언머 미ㄱ잉쯔]도 함께 알아 두세요.

我叫李圖禧。
Wǒ jiào Lǐ túxī.
워ㅓ어 찌아오 리이이 투ㄱ우씨→

단어

我 wǒ 나, 저 | 叫 jiào (이름이) …이다, (…라고 이름) 불리다

중국어로 말해 보세요!

1

성함이 어떻게 되세요?

저는 이도희입니다.
我叫李圖禧。
Wǒ jiào Lǐ Túxī.

2

이름이 뭐예요?

제 이름은 하나예요.
我叫荷娜。
Wǒ jiào Hénà.

3

중국어로 소개 한 번 부탁드립니다.

여러분, 안녕하세요. 저는 리리제제입니다.
大家好! 我叫丽丽姐姐。
Dàjiā hǎo! Wǒ jiào Lìli jiějie.

大家 dàjiā [따ㅡ찌→아] 모두, 여러분

4

너는 이름이 뭐야?
你叫什么名字？
Nǐ jiào shénme míngzi?

나는 쥐징이야.
我叫鞠婧祎。
Wǒ jiào Jū Jìngyī.

什么 shénme [셔ㄱ언머] 무엇 | 名字 míngzi [미ㄱ잉 쯔] 이름 | 鞠婧祎 Jū Jìngyī 쥐징이[인명]

022 국적 말하기

저는 한국 사람입니다.
我是韩国人。

是 shì은 '…이다, …입니다'라는 뜻으로, 이 표현을 알아 두면 국적을 말할 때뿐만 아니라 내가 어떤 사람인지 소개하는 모든 문장을 말할 수 있습니다. 또, '나'를 뜻하는 我 wǒ를 다른 사람이나 사물로 바꾸어 말할 수도 있어요.

我是韩国人。

我是韩国人。
Wǒ shì Hánguórén.

워ˇ어 shìˋ을 하↗안 구오어 r↗언

단어

是 shì …이다, …입니다 | 韩国人 Hánguórén 한국 사람

중국어로 말해 보세요!

1

어느 나라 사람이에요?

저는 한국 사람입니다.
我是韩国人。
Wǒ jiào Hánguórén.

2

중국 사람이세요?

저는 중국 사람이 아니에요.
我不是韩国人。
Wǒ bú shì Hánguórén.

3

직업이 어떻게 되세요?

저는 회사원이에요.
我是上班族。
Wǒ shì shàngbānzú.

上班族 shàngbānzú [sh↘앙 빤→ 주ㄱ우] 회사원

4

몇 년생이세요?

저는 90년생이에요.
我是 90 年生。
Wǒ shì jiǔ líng niánshēng.

九 jiǔ [지어우] 아홉, 9 | 零 líng [리ㄱ잉] 영, 0 | 年生 niánshēng [니ㄱ엔 sh→엉] …년생

063

023 나이 말하기

저는 서른 살이에요.
我三十岁。

mp3 | 강의 보기

'나, 숫자, …살'만 말하면 나이를 말하는 표현이 됩니다. 나이를 묻는 표현은 다음과 같아요.
- 몇 살이니? 你几岁？ Nǐ jǐ suì? [니↗이 지↘이 쑤에이]
- 몇 살이야? / 나이가 어떻게 되세요? 你多大？ Nǐ duōdà? [니↗이 뚜→오어 따↘]
- 연세가 어떻게 되세요? 您多大年纪？ Nín duōdà niánjì? [니↗인 뚜→오어 따↘ 니↗엔찌↘]

我三十岁。

我三十岁。
Wǒ sānshí suì.
워↗어 싼→ sh↗을 쑤에이

단어

我 wǒ 나, 저 | 三十 sānshí 서른, 30 | 岁 suì 살, 세[나이를 세는 단위]

◉◉◉ 중국어로 말해 보세요! ◉◉◉

1

 몇 살이세요?

저는 서른 살이에요.
我三十岁。
Wǒ sānshí suì.

2

 몇 살이니?
你几岁?
Nǐ jǐ suì?

일곱 살이에요.
我七岁。
Wǒ qī suì.

几 jǐ [지이이] 몇

3

 나이가 어떻게 되세요?
你多大?
Nǐ duōdà?

저는 스무 살이에요.
我二十岁。
Wǒ èrshí suì.

多大 duōdà [뚜오어 따↘] 얼마 | 二十 èrshí [얼↘ sh거얼] 스물, 20

4

 연세가 어떻게 되세요?
您多大年纪?
Nín duōdà niánjì?

저는 올해 쉰입니다.
我今年五十岁。
Wǒ jīnnián wǔshí suì.

年纪 niánjì [니↗엔찌↘] 연세 | 今年 jīnnián 올해 | 五十 wǔshí [우우 sh거얼] 쉰, 50

024 띄 말하기

나는 호랑이띠야.
我属虎。

mp3 | 강의 보기

우리가 나이를 말할 때 '○○년생 △띠'라고 하는 것처럼 중국 사람에게 나이를 말할 때 띠도 함께 말하면 한국 사람들도 나이를 말할 때 띠를 말하냐며 반가워합니다. 띠를 물어보는 표현은 '你属什么？Nǐ shǔ shénme? [니↗이 슈우↗우 sh↗언 머]'입니다. 자신의 띠를 나타내는 동물로 바꾸어 연습해 보세요.

我属虎。
Wǒ shǔ hǔ.
워↗어 sh↗우 후↗우

단어

属 shǔ 띠가 …이다 | 虎 hǔ 호랑이

●●● 중국어로 말해 보세요! ●●●

1

 너는 무슨 띠야?

저는 토끼띠예요.
我属兔。
Wǒ shǔ tù.

兔 tù [투↘] 토끼

2

 무슨 띠야?
你属什么?
Nǐ shǔ shénme?

나는 뱀띠야.
我属蛇。
Wǒ shǔ shé.

什么 shénme 무엇, 무슨 | 蛇 shé [sh으어] 뱀

3

 무슨 띠세요?
你属什么?
Nǐ shǔ shénme?

88년생 용띠야.
我是88年生，我属龙。
Wǒ shì bā bā niánshēng, Wǒ shǔ lóng.

八 bā [빠→] 여덟, 8 | 龙 lóng [로ㄱ↗옹] 용

4

 나이가 어떻게 되세요?

95년생 돼지띠예요. 올해 서른 살입니다.
我是95年生，我属猪。我今年三十岁。
Wǒ shì jiǔ wǔ niánshēng, Wǒ shǔ zhū.
Wǒ jīnnián sānshí suì.

九 jiǔ 아홉,9 | 五 wǔ 다섯, 5 | 猪 zhū [zh→우] 돼지

025
사는 곳 말하기

저는 서울에 살아요.
我住在首尔。

住 zhù는 '…에 살다'라는 뜻이고, 在 zài는 '…에'라는 뜻입니다. 在 뒤에 지역의 이름만 바꾸어 사는 곳을 소개해 보세요. '어디에 살아?', '어디에 사세요?'와 같이 상대방이 사는 곳을 물어보는 표현은 '你住在哪儿？ Nǐ zhù zài nǎr?' [니이 zh↘우 짜↘이 나아알]'입니다.

我住在首尔。

我住在首尔。
Wǒ zhù zài Shǒu'ěr.

워어어 zh↘우 짜↘이 sh어우어어얼

 단어

住 zhù 살다 | 在 zài …에 | 首尔 Shǒu'ěr 서울[지명]

●●● 중국어로 말해 보세요! ●●●

1

어디 사세요?

저는 서울에 살아요.
我住在首尔。
Wǒ zhù zài Shǒu'ěr.

2

저는 서울에 살아요.
我住在首尔。
Wǒ zhù zài Shǒu'ěr.

저도 서울에 살아요.
我也住在首尔。
Wǒ yě zhù zài Shǒu'ěr.

也 yě [이이에] …도

3

어디 사세요?
你住在哪儿?
Nǐ zhù zài nǎr?

저는 부산에 살아요.
我住在釜山。
Wǒ zhù zài Fúshān.

哪儿 nǎr [나아알] 어디 | 釜山 Fúshān [f↗우 sh→안] 부산[지명]

4

저는 베이징에 살아요.
我住在北京。
Wǒ zhù zài Běijīng.

저는 상하이에 살아요.
我住在上海。
Wǒ zhù zài Shànghǎi.

北京 Běijīng [베에이 찌→응] 베이징[지명] | 上海 Shànghǎi [sh↘앙 하↗이] 상하이[지명]

026
형제 관계 말하기

저는 남동생이 있어요.
我有弟弟。

'있다, 가지고 있다'라는 뜻의 有 yǒu를 활용해서 형제, 자매가 있는지 말할 수 있습니다. 弟弟 dìdi는 '남동생'입니다. 有의 부정형은 앞에 没 méi를 붙인 没有 méiyǒu [메↗이 여↘우]입니다. 有 뒤에 사물이나 일과 관련된 명사를 말하면 '나는 …을 가지고 있어', '나는 …이 있어'와 같이 일상에서 자주 사용하는 표현이 됩니다.

我有弟弟。

我有弟弟。
Wǒ yǒu dìdi.
워↗어 여↗어 띠↘디

단어
有 yǒu (…이) 있다, (…을) 가지고 있다 | 弟弟 dìdi 남동생

다섯 글자로 끝내는 중국어 표현 100

🔸🔸🔸 중국어로 말해 보세요! 🔸🔸🔸

1

형제 관계가 어떻게 되세요?

저는 남동생이 있어요.
我有弟弟。
Wǒ yǒu dìdi.

2

너 남동생 있어?
你有弟弟吗?
Nǐ yǒu dìdi ma?

아니, 여동생이 있어.
没有。我有妹妹。
Méiyǒu. Wǒ yǒu mèimei.

吗 ma …니?, …입니까?[의문을 나타냄] | **妹妹** mèimei [메\메이] 여동생

3

너는 형제자매가 있어?
你有兄弟姐妹吗?
Nǐ yǒu xiōngdìjiěmèi ma?

응, 난 오빠가 있어.
嗯, 我有哥哥。
Èng, Wǒ yǒu gēge.

兄弟姐妹 xiōngdìjiěmèi [씨→옹 띠\ 지이에 메\이] 형제자매 | **哥哥** gēge [끄→어 거] 오빠, 형

4

나는 형이랑 누나가 있어.
我有哥哥和姐姐。
Wǒ yǒu gēge hé jiějie.

나는 오빠가 없고 언니가 있어.
我没有哥哥。我有姐姐。
Wǒ méiyǒu gēge. Wǒ yǒu jiějie.

和 hé [흐↗어] …와(과) | **姐姐** jiějie [지이에 지에] 언니, 누나

027 배우는것말하기

저는 중국어를 배워요.
我学汉语。

mp3 | 강의 보기

'중국어를 배운다'고 중국어로 말할 수 있어야겠죠? '…을 배우다'는 学 xué이고, '중국어'는 汉语 Hànyǔ라고 합니다. 이 표현을 활용하면 학업, 업무상 필요해서 하는 공부부터 자격증 공부, 취미로 배우고 있는 것, 자기 계발하는 것 등을 모두 말할 수 있습니다. 学 뒤에 배우고 있는 것만 중국어 단어로 말하면 됩니다.

我学汉语。

我学汉语。
Wǒ xué Hànyǔ.
워ˇ어 쉬ˊ에 한ˋ위ˇ이

단어

学 xué …을 배우다 | 汉语 Hànyǔ 중국어

중국어로 말해 보세요!

1

요즘 배우는 거 있어?

나는 중국어를 배워.
我学汉语。
Wǒ xué Hànyǔ.

2

요즘 뭐 배우세요?

저는 필라테스를 배워요.
我学普拉提。
Wǒ xué pǔlātí.

普拉提 pǔlātí [푸우우 라↘ 티ㄱ] 필라테스

3

그거 얼후 아니야?

나 얼후 배워.
我学二胡。
Wǒ xué èrhú.

二胡 èrhú [얼↘ 후ㄱ우] 얼후[중국 전통 악기]

4

저는 영어를 배워요.
我学英语。
Wǒ xué Yīngyǔ.

저는 코딩 공부해요.
我学编码。
Wǒ xué biānmǎ.

英语 Yīngyǔ [이→응 위ㅢ이] 영어 | 编码 biānmǎ [삐→엔 마아↗아] 코딩

073

028 취미 말하기

저는 운동을 좋아해요.
我喜欢运动。

'좋아하다'라는 뜻의 동사 喜欢 xǐhuan [시ˇ이ˇ환]을 활용하여 좋아하는 것, 취미 등을 말하는 표현입니다. 运动 yùndòng [윈ˋ똥ˋ]은 '운동(하다)'이라는 뜻이므로, 喜欢 뒤에 运动 대신 자신이 좋아하는 것이나 취미를 나타내는 단어로 바꾸어 문장을 만들면 됩니다.

我喜欢运动。

我喜欢运动。
Wǒ xǐhuan yùndòng.
워ˇ어 씨ˇ이ˇ환 윈ˋ똥ˋ

단어

喜欢 xǐhuan 좋아하다 | **运动** yùndòng 운동(하다)

●●● 중국어로 말해 보세요! ●●●

1

취미가 뭐예요?

저는 운동을 좋아해요.
我喜欢运动。
Wǒ xǐhuan yùndòng.

2

운동하는 거 좋아하세요?

저는 운동을 좋아하지 않아요.
我不喜欢运动。
Wǒ bù xǐhuan yùndòng.

不 bù [부정을 나타냄]

3

취미가 뭐야?

나는 책 보는 걸 좋아해.
我喜欢看书。
Wǒ xǐhuan kàn shū.

看 kàn 보다 | **书** shū [sh→우] 책

4

나는 유튜브 보는 걸 좋아해.
我喜欢看油管。
Wǒ xǐhuan kàn yóuguǎn.

나는 영화보는 걸 좋아해.
我喜欢看电影。
Wǒ xǐhuan kàn diànyǐng.

油管 yóuguǎn [여ㄱ우 구아안] 유튜브 | **电影** diànyǐng [띠↘엔 이이잉]

029 경험 말하기

중국에 가 본 적이 있어요.
我去过中国。

mp3 | 강의 보기

'我去过…'는 '…에 가 본 적 있어'와 같이 경험을 말하는 표현입니다. '가다'라는 뜻의 去 qù 뒤에 过 guo를 붙이면 '가 본 적이 있다'는 표현이 되고, 그 뒤에 가 본 적이 있는 나라, 지역, 장소 등을 말하면 됩니다. 过는 동사 뒤에서 '…한 적이 있다'라는 경험을 나타내는데, 去 외에 다른 동사 뒤에 붙여 다양한 경험이 있음을 말할 수 있습니다.

我去过中国。
Wǒ qùguo Zhōngguó.
워어↘어 취↘ 꾸오어 zh→옹 구오어

단어
去 qù 가다 | 过 guo …한 적이 있다[경험을 나타냄] | 中国 Zhōngguó 중국

중국어로 말해 보세요!

1

 해외여행 가 본 적 있어요?

저는 중국에 가 본 적이 있어요.
我去过中国。
Wǒ qùguo Zhōngguó.

2

 여기 가 봤어?

응, 가 봤어.
嗯，我去过。
Èng, Wǒ qùguo.

3

 중국에 가 본 적 있어?
你去过中国吗?
Nǐ qùguo Zhōngguó ma?

나는 중국에 가 봤어.
我去过中国。
Wǒ qùguo Zhōngguó.

4

 중국에 가 본 적 있어?
你去过中国吗?
Nǐ qùguo Zhōngguó ma?

나는 중국에 안 가 봤어.
我没去过中国。
Wǒ méi qùguo Zhōngguó.

没 méi [부정을 나타냄]

030
생각 말하기

베이징에 가 보고 싶어요.
我想去北京。

mp3 | 강의 보기

여행 가보고 싶은 나라나 도시가 있나요? '…하고 싶다'라는 뜻의 想 xiǎng, '가다'라는 뜻의 去 qù 뒤에 지명이나 장소를 말하면 '…에 가고 싶다'가 됩니다. 北京 Běijīng은 중국의 수도입니다. 이 표현을 활용하면 가고 싶은 나라나 도시는 물론, 가고 싶은 곳 어디든 말할 수 있어요. 北京 대신 가고 싶은 곳을 넣어 문장을 만들어 보세요.

我想去北京。

我想去北京。
Wǒ xiǎng qù Běijīng.
워↗어 씨아앙 취↘ 베에이찌→응

단어

想 xiǎng …하고 싶다 | 去 qù 가다 | 北京 Běijīng 베이징[지명]

중국어로 말해 보세요!

1

여행 가고 싶은 곳이 있어요?

저는 베이징에 가고 싶어요.
我想去北京。
Wǒ xiǎng qù Běijīng.

2

중국 여행 갈까?

나는 상하이에 가고 싶어.
我想去上海。
Wǒ xiǎng qù Shànghǎi.

上海 Shànghǎi 상하이[지명]

3

이번엔 어디로 여행 갈까?

나는 시안에 가고 싶어.
我想去西安。
Wǒ xiǎng qù Xī'ān.

西安 Xī'ān [씨→ 안→] 시안[지명]

4

나는 쓰촨에 가고 싶어.
我想去四川。
Wǒ xiǎng qù Sìchuān.

나는 홍콩에 가고 싶어.
我想去香港。
Wǒ xiǎng qù Xiānggǎng.

四川 Sìchuān [쓰↘ ch→우안] 쓰촨[지명] | 香港 Xiānggǎng [씨→앙 가아앙] 홍콩[지명]

1부터 10 정도는 말할 수 있다!

 자주 쓰는 숫자를 중국어로 알아볼까요?
1부터 10까지의 숫자는 손모양과 함께 알아 두세요.

mp3 | 강의 보기

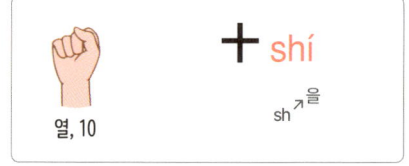

- '두 개, 두 번째'와 같이 순서를 나타낼 때 숫자 2는 二이 아닌 两 liǎng이라고 합니다.
- 숫자 0은 零 líng이라고 합니다.
- 숫자 100은 百 bǎi, 숫자 1,000은 千 qiān, 숫자 10,000은 万 wàn이라고 합니다.

하루에도 몇 번씩 입에 달고 사는 표현

Part 4에서는 '진짜?', '어떡해…', '피곤해 죽겠어'와 같이 매일 입에 달고 사는 표현을 배울 거예요. 일상에서 나도 모르게 중국어로 '톡!' 튀어나올 수 있도록 상황을 상상하며 연습해 보세요.

031 놀람 표현하기

헐!
晕！

놀랐을 때 쓸 수 있는 표현입니다. 晕 yūn은 원래 '어지럽다'라는 뜻의 동사지만 놀랐을 때나 우리말 '헐!'이 쓰이는 상황에서 감탄사로도 사용합니다. '세상에나!', '오 마이 갓!'이라는 뜻의 '天哪！Tiānna! [티→엔 나]'도 함께 알아 두세요.

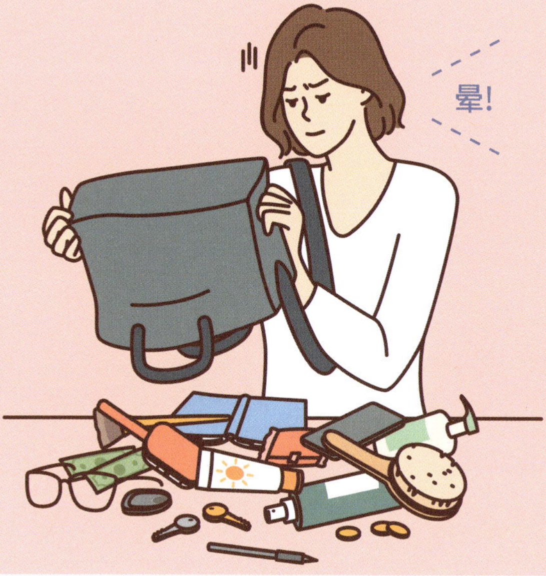

晕！

Yūn!

윈→

단어

晕 yūn (머리가) 어지럽다

● ● ● 중국어로 말해 보세요! ● ● ●

1

 왜?

헐! 나 카드 잃어버렸어.
晕!
Yūn!

2

 다음 주가 시험이야.

헐! 벌써?
晕!
Yūn!

3

 쟤네 둘이 사귄대.

헐!
晕!
Yūn!

4

 헐! 이것 좀 봐!
晕!
Yūn!

헐! OMG!
晕! 天哪!
Yūn! Tiān na!

天哪 tiān na [티→엔 나] 세상에나, 오 마이 갓

032 다시 물어보기

진짜?
真的吗?

mp3 | 강의 보기

믿을 수 없는 이야기를 들었을 때 '진짜?'하고 되묻는 표현입니다. '진짜'를 의미하는 真的 zhēnde 뒤에 의문문을 만드는 吗 ma만 붙이면 됩니다. 같은 상황에서 쓸 수 있는 '진짜야, 가짜야?'라는 뜻의 '真的假的？ Zhēnde jiǎ de? [zh→언 더 지이아 더]'와 '설마!'라는 뜻의 '不会吧！Bú huì ba! [부ㄱ우 후에이 바]'도 함께 알아 두세요.

真的吗?

真的吗?
Zhēnde ma?
zh→언 더 마

단어

真的 zhēnde 진짜 | **吗** ma ···니?, ···입니까?[의문을 나타냄]

중국어로 말해 보세요!

1

HSK를 따면 가산점을 준대.

진짜?
真的吗?
Zhēnde ma?

2

진짜?
真的吗?
Zhēnde ma?

진짜예요!
是真的!
Shì zhēnde!

是 shì …이다, …입니다

3

사실은… 나 한국 사람이 아니야.
其实, 我不是韩国人。
Qíshí, Wǒ bú shì Hánguǒrén.

진짜야, 가짜야?
真的假的?
Zhēnde jiǎ de?

其实 qíshí [치ㄱ이 sh ㄱ을] 사실은 | **假的** jiǎ de [지이아 더] 가짜

4

저 사람 유명한 유튜버야.

설마!
不会吧!
Bú huì ba!

不会 búhuì [부ㄱ우 후에이] 있을 수 없다, …할 리가 없다

033
걱정하기

어떡해.
怎么办?

mp3 | 강의 보기

예상치 못한 일이 발생했을 때, 방법을 모를 때, 난감할 때 등 우리말로 '어떡해.'하고 말하는 상황에서 쓸 수 있는 표현입니다. 어찌할 바를 모를 때 저절로 톡! 튀어나올 수 있도록 연습하세요.

怎么办?

怎么办?
Zěnmebàn?

저으언머 빤↗

단어

怎么办 zěnmebàn 어떻게 하다

중국어로 말해 보세요!

1

어떡해. 옷에 커피를 쏟았어.
怎么办?
Zěnmebàn?

저런, 얼룩이 남지 않아야 할 텐데...

2

교통사고 났어. 어떡하지?
怎么办?
Zěnmebàn?

보험은 들었어?

3

작가님, 마감시간인데... 아직인가요?

어떡하죠? 작업한 걸 다 날렸어요.
怎么办?
Zěnmebàn?

4

미팅 날짜를 조정하고 싶다는데... 어떻게 할까요?
怎么办?
Zěnmebàn?

제가 한 번 연락해 볼게요.

034 대답하기

알았어.
知道了。

mp3 | 강의보기

知道 zhīdào는 '알다'이고, 了 le는 완료를 나타내는데, 이 표현은 모르던 것을 알게 되었다는 의미입니다. 상대방의 이야기를 알아들었을 때 활용해 보세요. 우리말로도 상황에 따라 짜증을 섞어 퉁명스럽게 말하면 '알아들었으니 그만 말해.'라는 뉘앙스가 되는 것과 같이 중국어로도 듣기 싫어하는 표현도 될 수 있으니, 상황에 따라 표현해 보세요.

知道了。

知道了。
Zhīdào le.
zh→을 따↘오 러

단어

知道 zhīdào 알다, 이해하다, 깨닫다 | 了 le [완료를 나타냄]

중국어로 말해 보세요!

1

중국어는 성조가 중요해.
처음 공부할 때 성조까지 익혀두는 것이 좋아.

알았어.
知道了。
Zhīdào le.

2

이 자료 내일까지 검토하고 의견 주세요.

알겠습니다.
知道了。
Zhīdào le.

3

장난감 딱 하나만 고르고 떼쓰지 않는 거야.

네.
知道了。
Zhīdào le.

4

술 많이 마시지 말고, 너무 늦지 마.

알았어, 알았어!
知道了、知道了。
Zhīdào le, zhīdào le.

035 절망 표현하기

망했어.
完了。

mp3 | 강의 보기

完了 wán le는 '끝났다', '망했다'라는 뜻으로, 일이 잘못되었을 때나 큰 실수를 했을 때 활용할 수 있는 표현입니다. 현지에서는 完了를 말할 상황에서 속어적 표현인 '完蛋了。 Wán dàn le. [와ㄱ안 딴↘ 러]'를 들을 수도 있고, 중국 SNS 상에서 '芭比Q了！Bābǐ Q le！[빠→ 비이 큐 러]'가 쓰인 것을 볼 수도 있습니다.

完了。

完了。
Wán le.
와ㄱ안 러

단어

完了 wán le 끝장났다, 끝났다, 망했다

●●● 중국어로 말해 보세요! ●●●

1

일이 많아?

망했어. 오늘도 야근이야.
完了。
Wán le.

2

망했어. 흰 원피스에 커피 쏟았어.
完了。
Wán le.

어떡해.
怎么办?
Zěnmebàn?

3

궁예의 시대도 이제 끝이야. **끝장났다구!**
完蛋了!
Wándàn le!

너 또 〈태조 왕건〉 봐?

完蛋 wándàn [와ˊ안 딴ˋ] 끝장나다, 망하다[完了의 속어적 표현]

4

망했다! 회사 단톡방에 잘못 보냈어.
完了!
Wán le!

헐! 망했네.
晕! 芭比Q了!
Yūn! Bābǐ Q le!.

芭比Q了 bābǐ Q le [빠→ 비ˇ이 큐 러] 완전히 망했다[SNS 유행어]

036 감정 표현하기

너무해!
真是的!

mp3 | 강의 보기

상대방이 약 올리거나, 장난을 쳤을 때 쓸 수 있는 표현입니다. 자연스럽게 눈을 흘기거나 씩씩대겠죠? 감정을 실어서 연습해 보세요. 비슷한 상황에서 쓸 수 있는 '나빴어! 讨厌！Tǎoyàn! [타↘오 옌↘]'과 '정말 너무하네. 太过分了。Tài guòfèn le. [타↘이 꾸오어 f↘언 러]' 도 함께 알아 두세요.

真是的!

真是的!
Zhēnshì de!
zh→언 sh↘을 더

단어

真是的 zhēnshì de 진짜, 정말[감탄사]

중국어로 말해 보세요!

1

다크서클 무슨 일이야!
판다인 줄 알았네.

너 진짜!
真是的!
Zhēnshì de!

2

으유, 정말! 또 놀릴 거야?
真是的!
Zhēnshì de!

아얏, 왜 때려!

3

우리 못난이~

나빴어!
讨厌!
Tǎoyàn!

讨厌 tǎoyàn [타오옌ˇ] 싫다, 밉다

4

놀랐어?
장난이야, 장난.

너무 심한 거 아니야?
太过分了。
Tài guòfèn le.

太…了 tài…le [타ˇ이…러] 너무 …하다 | **过分** guòfèn [꾸오어 ᶠ펀ˋ] (말이나 행동이) 지나치다

037 맞장구 치기

당연하지!
当然!

当然 dāngrán은 '당연하다, 물론이다'라는 뜻의 단어로, 이 표현은 상대방의 말에 '당연하지!'하고 맞장구칠 때, 상대방의 질문이나 요청에 '물론이야.'라고 대답할 때 쓸 수 있습니다.

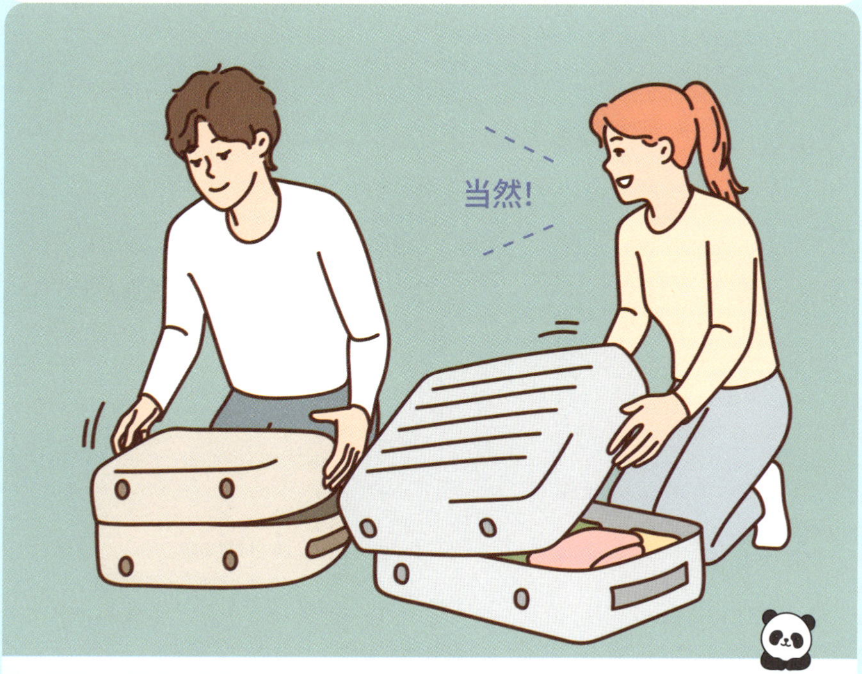

当然!
Dāngrán!
땅→↗안

단어

当然 dāngrán 당연하다, 물론이다

중국어로 말해 보세요!

1

빠진 것 없이 잘 챙겼지?

당연하지.
当然!
Dāngrán!

2

지금 신청해도 되나요?

물론이죠!
当然!
Dāngrán!

3

숙제 다 하고 게임하는 거지?

당연하죠!
当然!
Dāngrán!

4

나 좀 도와줄 수 있어?

당연하지!
当然!
Dāngrán!

038
상황 말하기

거의 다 됐어.
差不多了。

mp3 | 강의 보기

差不多 chà bù duō는 '그럭저럭 되다'라는 뜻이 있어서 상태 변화를 나타내는 了를 붙이면 差不多了는 '거의 다 됐다'라는 표현이 됩니다. 또, 差不多는 '차이가 별로 없다, 거의 비슷하다'라는 뜻으로도 자주 쓰는 표현입니다. 외워 두면 필요한 상황에서 저절로 말하게 될 거예요.

差不多了。

差不多了。
Chà bu duō le.

ch↘아 부 뚜→오어 러

단어

差不多 chà bu duō (그럭저럭) 되다; (정도·시간·거리 따위에) 큰 차이가 없다, 거의 비슷하다

중국어로 말해 보세요!

1

 아직도 안 끝났어?

거의 다 됐어요.
差不多了。
Chà bu duō le.

2

 어디쯤 이세요?

거의 다 왔어.
差不多了。
Chà bu duō le.

3

 프로젝트는 어떻게 진행되고 있어?

거의 다 했어.
差不多了。
Chà bu duō le.

4

 **거의 다 완성했다!** 두 개 중에 어떤 게 나아?
差不多了。
Chà bu duō le.

비슷한 것 같아.
差不多。
Chà bu duō.

039 감정 표현하기

정말 잘 됐다!
太好了!

mp3 | 강의 보기

상대방의 이야기를 듣고 '정말 잘 됐다!'라고 말할 때 중국어로는 이렇게 표현합니다. 太 tài 는 '매우, 너무'라는 뜻인데, '太 + 형용사 + 了' 형태로 쓰면 '정말 (형용사)하다!'라는 의미가 됩니다. 가족, 친구, 동료 등 주변 사람들의 바라던 일이 이루어졌거나, 고민이나 어려움이 해결되었을 때 등 이 표현을 사용할 수 있는 상황을 상상하며 연습해 보세요.

太好了!
Tài hǎo le!
타↘이 하아오 러

단어

太…了 tài… le 너무 …하다 | 好 hǎo 좋다

중국어로 말해 보세요!

1

저 이번에 승진했어요.

정말 잘 됐네요.
太好了!
Tài hǎo le!

2

저 이번에 본사로 가게 되었어요.

정말 잘 됐다!
太好了!
Tài hǎo le!

3

중국에 출장 갔던 일이 잘 풀렸어.

정말 잘 됐다!
太好了!
Tài hǎo le!

4

정말 잘됐다! 축하해.
太好了!
Tài hǎo le!

고마워.
谢谢。
Xièxie.

040 상태 말하기

피곤해 죽겠어.
累死了。

mp3 | 강의 보기

혹시 '…해 죽겠어'라는 말을 입에 달고 산다면 유용하게 사용할 수 있는 표현입니다. '죽다'라는 뜻의 死 sǐ 뒤에 了 le를 붙이면 '죽겠다'라는 뜻으로 앞에 오는 형용사의 정도를 나타냅니다. 累 lèi는 '피곤하다'라는 의미의 형용사인데, 다른 단어로 바꾸어 문장을 만들 수도 있습니다.

累死了。

累死了。
Lèi sǐ le.

레↘이 쓰으러

단어

累 lèi 피곤하다 | 死 sǐ 죽다 | 了 le [정도를 나타냄]

중국어로 말해 보세요!

1

피곤해 죽겠어.
累死了。
Lèi sǐ le.

좀 쉬면서 해.

2

배고파?

배고파 죽겠어.
饿死了。
È sǐ le.

饿 è [으ˇ어] 배고프다

3

이것 좀 봐!

웃겨 죽겠어.
笑死了。
Xiào sǐ le.

笑 xiào [씨아오] 웃다

4

오늘 올라온 영상 봤어? 귀여워 죽겠어.
可爱死了!
Kě'ài sǐ le!

어머 어머, 귀여워 죽겠다!
萌死了!
Méng sǐ le!

可爱 kě'ài [크으어 아ˇ이] 귀엽다 | 萌 méng [머ˊ엉] 귀엽다[신조어]

●●● 중국어 리액션의 달인이 되어보자! ●●●

 간단한 리액션 몇 개만 말해도 중국어 대화가 풍성해집니다.
평소 자주 쓰는 말이 있다면 중국어로도 외워 두었다가 활용해 보세요.

mp3 | 강의 보기

好啊!
Hǎo a!
하↘아오↗아

좋아!

OK啦!
Oukei la!
오우 케이 라

OK!

骗人!
Piànrén!
피↘엔↗언

거짓말!

算了!
Suàn le!
쑤↘안 러

됐어!

真厉害!
Zhēn lìhai!
zh→언 리↘하아이

진짜 대단해!

怎么说呢…
Zěnme shuō ne…
저↘언 머 sh→오어 너

뭐랄까..

我也是。
Wǒ yě shì.
워↗어 이↗에 sh↘을

나도 그래.

我也觉得。
Wǒ yě juéde.
워↗어 이↗에 쥐↗에더

나도 그렇게 생각해.

친구 사이에
자주 쓰는 표현

Part 5에서는 친구와 약속을 잡아서 만나고, 일상에서 가볍게 대화를 나눌 때 쓰는 표현을 배울 거예요. 설명과 예문을 참고하여 내가 자주 쓰는 단어를 넣으면 나만의 표현을 만들 수 있습니다.

041
스케줄 말하기

나 오늘 쉬는 날이야.
我今天休息。

mp3 | 강의 보기

스케줄을 말할 때 쓸 수 있는 표현입니다. 今天 jīntiān은 '오늘'이라는 뜻이고, 休息 xiūxi 는 '쉬다, 휴식을 취하다'라는 뜻입니다. 今天을 '明天 míngtiān [미ㄱ잉 티→엔] 내일'로 바꾸면 내일의 스케줄을 말할 수 있습니다.

我今天休息。
Wǒ jīntiān xiūxi.
워ㄱ어 찐→ 티→엔 씨→어우 씨

단어

今天 jīntiān 오늘 | 休息 xiūxi 쉬다, 휴식을 취하다

중국어로 말해 보세요!

1

너 오늘 바빠?
你今天忙吗?
Nǐ jīntiān máng ma?

나 오늘 쉬는 날이야.
我今天休息。
Wǒ jīntiān xiūxi.

你 nǐ 너, 당신 | 忙 máng 바쁘다 | 吗 ma …니?, …입니까?[의문을 나타냄]

2

저는 오늘 휴가예요.
我今天休息。
Wǒ jīntiān xiūxi.

저는 내일 쉬어요.
我明天休息。
Wǒ míngtiān xiūxi.

明天 míngtiān [미↗잉 티→엔] 내일

3

너 오늘 쉬어?
你今天休息吗?
Nǐ jīntiān xiūxi ma?

나는 오늘 일이 있어.
我今天有事。
Wǒ jīntiān yǒu shì(r).

有 yǒu [여↓어↗우] 가지고 있다 | 事 shi(r) [셜↘] 일

4

너 오늘 쉬어?
你今天休息吗?
Nǐ jīntiān xiūxi ma?

나 오늘 수업이 있어.
我今天有课。
Wǒ jīntiān yǒu kè.

课 kè [크↘어] 수업, 강의

042 장소 물어보기

너 어디 있어?
你在哪儿?

mp3 | 강의 보기

상대방이 있는 곳을 물어볼 때 쓸 수 있는 표현입니다. 在 zài는 '…에 있다'라는 뜻입니다. 哪儿 nǎr은 '어디'라는 뜻인데, 哪儿이 의문사이기 때문에 뒤에 吗 ma를 붙이지 않습니다. 익숙해졌다면 주어를 바꿔 연습해 보세요. '…는 ~에 있다'는 '주어 + 在 + 장소' 순서로 말하면 됩니다.

你在哪儿?

你在哪儿?
Nǐ zài nǎr?
니ᵢ 이 짜↘이 나ᵃ 알

단어

你 nǐ 너, 당신 | 在 zài …에 있다 | 哪儿 nǎr 어디

●●● 중국어로 말해 보세요! ●●●

1

 너 어디 있어?
你在哪儿?
Nǐ zài nǎr?

나 거의 다 왔어.

2

 너 어디 있어?
你在哪儿?
Nǐ zài nǎr?

나는 제주도에 있어.
我在济州岛。
Wǒ zài Jìzhōudǎo.

济州岛 Jìzhōudǎo [찌↘ zh→어우 다↗아↘오] 제주도

3

 그는 어디 있어?
他在哪儿?
Tā zài nǎr?

그는 사무실에 있어.
他在办公室。
Tā zài bàngōngshì.

他 tā [타→] 그, 그 남자 | 办公室 bàngōngshì [빤↘ 꽁→ sh↘을] 사무실

4

 그녀는 어디 있어?
她在哪儿?
Tā zài nǎr?

그녀는 집에 있어.
她在家。
Tā zài jiā.

她 tā [타→] 그녀, 그 여자 | 家 jiā [찌→아] 집

043
장소 정하기

우리 어디 갈까?
我们去哪儿?

mp3 | 강의 보기

어디에 갈지 정할 때 쓸 수 있는 표현입니다. 我们 wǒmen은 '우리', 去 qù는 '가다'를 의미합니다. 哪儿 nǎr은 '어디, 어느 곳'이라는 의미의 의문사로 쓰였습니다. 대답으로는 문장 끝에 '…하자'라는 吧 ba를 붙여 제안이나 권유를 하는 표현을 만들어 보세요. 장소를 나타내는 단어만 바꾸면 다양한 문장을 만들 수 있습니다.

我们去哪儿?

我们去哪儿?
Wǒmen qù nǎr?
워어어먼 취↘ 나아↘알

단어

我们 wǒmen 우리(들) | 去 qù 가다 | 哪儿 nǎr 어디, 어느 곳

●●● 중국어로 말해 보세요! ●●●

1

우리 어디 갈까?
我们去哪儿?
Wǒmen qù nǎr?

우리 카페 가자.
我们去咖啡厅吧。
Wǒmen qù kāfēitīng ba.

咖啡厅 kāfēitīng [카→f→에이 티→응] 카페 | **吧** ba 하자[제안·권유를 나타냄]

2

우리 어디 갈까요?
我们去哪儿?
Wǒmen qù nǎr?

스타벅스 가요.
我们去星巴克吧。
Wǒmen qù Xīngbākè ba.

星巴克 Xīngbākè [씽↘빠→크↘어] 스타벅스

3

우리 어디 갈까?
我们去哪儿?
Wǒmen qù nǎr?

쇼핑몰 가자.
我们去商场吧。
Wǒmen qù shàngchǎng ba.

商场 shàngchǎng [sh↘앙 ch↘앙] 쇼핑몰

4

우리 어디 갈까?
我们去哪儿?
Wǒmen qù nǎr?

우리 밥 먹으러 가자.
我们去吃饭吧。
Wǒmen qù chī fàn ba.

吃饭 chī fàn [ch→을 f↘안] 밥을 먹다

044 제안하기

지하철 타고 가자.
坐地铁去吧。

mp3 | 강의 보기

坐 zuò는 '타다'라는 뜻으로, '坐…去吧 zuò … qù ba'라는 표현에서 교통수단만 바꾸면 '…를 타고 가자'라고 권유 또는 제안하는 표현이 됩니다. 坐는 자동차, 지하철, 버스, 비행기, 기차와 같이 좌석이 있는 교통수단을 탈 때 사용하고, 자전거, 오토바이, 말 등을 탈 때는 '骑 qí [치↗이] 타다'를 사용한다는 것을 함께 알아 두세요.

坐地铁去吧。

坐地铁去吧。
Zuò dìtiě qù ba.
쭈오어↘ 띠↘ 티↗이에 취↘ 바

단어

坐 zuò 타다 | 地铁 dìtiě 지하철 | 去 qù 가다 | 吧 ba …하자[제안·권유를 나타냄]

  다섯 글자로 끝내는 중국어 표현 100

🟠🟠🟠 중국어로 말해 보세요! 🟠🟠🟠

1

 뭐 타고 갈까?

지하철 타고 가자.
坐地铁去吧。
Zuò dìtiě qù ba.

2

우리 어떻게 가지?

버스 타고 가자.
坐公共汽车去吧。
Zuò gōnggòng qìchē qù ba.

公共汽车 gōnggòng qìchē [꽁→꽁↘ 치↘ ch→으어] 버스

3

 우리 어떻게 가?
我们怎么去?
Wǒmen zěnme qù?

비행기 타고 가자.
坐飞机去吧。
Zuò fēijī qù ba.

怎么 zěnme [저→언 머] 어떻게 | 飞机 fēijī [f→에이 찌→] 비행기

4

 우리 어떻게 가?
我们怎么去?
Wǒmen zěnme qù?

자전거 타고 가자.
骑自行车去吧。
Qí zìxíngchē qù ba.

骑 qí [치↗이] (말이나 자전거 따위를) 타다 | 自行车 zìxíngchē [쯔↘ 씨↗잉 ch→으어] 자전거

045 감정 표현하기

너무 신나!
好开心。

mp3 | 강의 보기

감정 상태를 말할 때 활용할 수 있는 표현입니다. 好 hǎo가 '좋다, 안녕하다'라는 뜻으로 쓰인 표현을 알아보았는데, 이 표현에서 好는 '아주, 매우'라는 뜻으로 쓰였습니다. 开心 kāixīn은 '즐겁다, 신나다, 기쁘다'라는 뜻입니다. 开心을 감정을 나타내는 다른 단어로 바꾸면 다양한 감정을 중국어로 표현할 수 있습니다.

好开心。

好开心。

Hǎo kāixīn.

하아오 카→이씬→

단어

好 hǎo 매우, 아주 | 开心 kāixīn 즐겁다, 신나다, 기쁘다

중국어로 말해 보세요!

1

여행 오니까 그렇게 좋아?

너무 신나!
好开心。
Hǎo kāixīn.

2

내일 면접이랬지?

너무 떨려.
好紧张。
Hǎo jǐnzhāng.

紧张 jǐnzhāng [지이인 zh→앙] 긴장되다

3

너무 우울해.
好郁闷。
Hǎo yùmèn.

왜 그래? 무슨 일이야?

郁闷 yùmèn [위↘ 먼↘] (가슴이) 답답하다, 우울하다

4

그 호텔 어땠어? 괜찮았어?

너무 실망했어. 비추야.
好失望。
Hǎo shīwàng.

失望 shīwàng [sh→을 왕↘] 실망하다

046 물어보기

또 왜?
又怎么了？

mp3 | 강의 보기

怎么了 zěnme le는 '왜 그래?', '무슨 일이야?'라는 뜻인데, 앞에 '또'라는 뜻의 又 yòu를 붙이면 '또 왜?', '또 무슨 일이야?'가 됩니다. 비슷한 의미의 '어떻게 된 거야? 怎么回事？Zěnme huí shì [저언머 후에이 sh↘얼]'과 대답인 '아무것도 아니야. 没什么。Méi shénme [메↗이 sh↗언머]'도 함께 알아 두세요.

又怎么了？
Yòu zěnme le?
여↘우 저↓으언머 러

단어

又 yòu 또, 다시, 거듭 | 怎么了 zěnme le 무슨 일이야?, 어떻게 된 거야?, 왜 그래?

중국어로 말해 보세요!

1

헐!
晕!
Yūn!

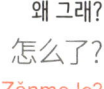 
왜 그래?
怎么了?
Zěnme le?

세상에!
天哪!
Tiān na!

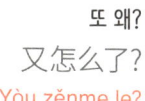 
또 왜?
又怎么了?
Yòu zěnme le?

晕 yūn (머리가) 어지럽다; 헐[감탄사] | 天哪 tiān na 세상에나, 오 마이 갓

2

너무 답답해.
好郁闷。
Hǎo yùmèn.

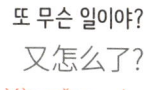 
또 무슨 일이야?
又怎么了?
Yòu zěnme le.

아무것도 아니야.
没什么。
Méi shénme.

어떻게 된 거야? 얘기 좀 해 봐.
怎么回事?
Zěnme huí shì(r)?

047
감정 표현하기

어이가 없네.
无语了。

mp3 | 강의 보기

이 표현은 중국인들도 황당할 때, 어이없는 상황에서 자주 쓰는 표현입니다. 단어를 하나하나 보면 '无 wú (…이) 없다', '语 yú 말'이라는 뜻이라 '할 말이 없다'인데 그 외에도 '어이가 없다, 황당하다, 노답이다'라는 뜻으로 사용합니다.

无语了。
Wú yǔ le.

우ˊ 위ˇ 이 러

단어

无 wú (…이) 없다 | 语 yú 말 | 了 le [완료·상태 변화를 나타냄]

중국어로 말해 보세요!

1

그 글 봤어?

어이없어.
无语了。
Wú yǔ le.

2

자막인 줄 알았는데 더빙이었어?

어이가 없네. 내가 잘못 예매했나 봐.
无语了。
Wú yǔ le.

3

너무해! 말도 없이 계약 해지라니.
太过分了。
Tài guòfèn le.

정말 할 말이 없네요.
无语了。
Wú yǔ le.

太…了 tài…le 너무 …하다 | 过分 guòfèn (말이나 행동이) 지나치다

4

피곤해 죽겠다. 퇴근 직전에 일을 시켜서 야근했어.
累死了。
Lèi sǐ le.

노답이네.
无语了。
Wú yǔ le.

048 리액션하기

너무 오버하는 거 아냐?
太夸张了吧。

mp3 | 강의보기

상대방의 말을 믿을 수 없을 때, 오버하는 것임을 눈치챘을 때 이렇게 말해보세요. 太…了 tài … le는 '너무 …하다'로, 중간에 형용사를 강조하는 표현입니다. 夸张 kuāzhāng은 '과장하다, 오버하다'라는 뜻입니다.

太夸张了吧。

太夸张了吧。
Tài kuāzhāng le ba.
타↘이 쿠→아 zh→앙 러 바

단어

太…了 tài … le 너무 …하다 | 夸张 kuāzhāng 과장하다, 오버하다 | 吧 ba [추측을 나타냄]

🔸🔸🔸 중국어로 말해 보세요! 🔸🔸🔸

1

망했어. 난 이제 끝이야.
完了。完蛋了。
Wán le. Wándàn le.

너무 오버하는 거 아냐?
太夸张了吧。
Tài kuāzhāng le ba.

2

중국어 일주일 배웠는데
중국 가서 말이 다 통하더라!

말도 안 돼.
太夸张了吧。
Tài kuāzhāng le ba.

3

이 주식은 따상 간다고 본다!

너무 과장하는 거 아니야?
太夸张了吧。
Tài kuāzhāng le ba.

4

과장이 심하네.
太夸张了吧。
Tài kuāzhāng le ba.

아냐, 아냐, 아냐!
不、不、不!
Bù, bù, bù.

049 응원하기

파이팅!
加油!

mp3 | 강의 보기

올림픽이나 국제 경기 중계를 보면 종종 중국 응원단의 소리를 들을 수 있습니다. 우리가 '파이팅!' 하고 응원하는 것처럼 힘을 내라고 응원할 때 쓸 수 있는 중국어 표현입니다. 같은 뜻의 표현들도 한 번씩 읽어 보세요.

加油!
Jiā yóu!
찌→아 여↘우

단어

加油 jiā yóu 힘을 (더) 내다, 기운 내다, 격려하다, 응원하다

● ● ● 중국어로 말해 보세요! ● ● ●

1

나 이번에 대회에 나가.

힘내!
加油!
Jiāyóu!

2

요즘 되는 일이 없다.

힘내.
加油!
Jiāyóu!

3

제가 (당신을) 응원할게요.
我为你加油。
Wǒ wèi nǐ jiā yóu.

같이 파이팅해요!
一起加油吧。
Yìqǐ jiā yóu ba.

为 wèi [웨ㄴ이] …에게, …를 위하여 | **一起** yìqǐ [이ㄴ 치ㄱ이] 함께, 같이

4

내가 널 응원할게!
我为你打call。
Wǒ wèi nǐ dǎ call.

같이 파이팅하자!
一起加油吧。
Yìqǐ jiā yóu ba.

打 call dǎ call [다ㅇ아 콜] 응원하다, 지지하다[신조어]

050 격려하기

걱정하지 마.
别担心。

mp3 | 강의 보기

别担心은 '걱정하지 마'라는 뜻으로, 중국 사람들이 자주 쓰는 격려의 표현입니다. 동사 앞에 别 bié를 붙이면 '…하지 마'라는 표현이 됩니다. 이 문장의 동사 担心 dānxīn은 '걱정하다'라는 뜻입니다. 동사를 바꾸어 다양한 문장을 만들 수 있습니다.

别担心。

别担心。
Bié dānxīn.

비ㄱ에 딴→ 씬→

단어

别 bié …하지 마라 | 担心 dānxīn 걱정하다, 염려하다

중국어로 말해 보세요!

1

 잘못되면 어떡하지?

걱정하지 마.
别担心。
Bié dānxīn.

2

 너무 떨려.
好紧张。
Hǎo jǐnzhāng.

걱정하지 마.
别担心。
Bié dānxīn.

好 hǎo 너무, 아주 | **紧张** jǐnzhāng 떨리다, 긴장되다

3

 중국어 빨리 잘 하고 싶어.

너무 조급해하지 마.
别着急。
Bié zháojí.

着急 zháojí [zh아오 지ㄱ이] 조급해하다, 초조해하다

4

 내가 뭘 도와줄까? 요리를 할까?

아냐, 아냐. 하지 마.
不要、不要。别做了。
Búyào búyào. bié zuò le.

不要 búyào 필요 없다 | **别…了** bié … le …하지 마라 | **做** zuò [쭈오어] 하다, 일하다

●●● 띠를 나타내는 동물을 말할 수 있다! ●●●

중국어로 띠를 나타내는 동물 단어를 알아 보세요.
배운 표현 '我属… (나는 …띠야)'에 넣어 활용해 보세요.

mp3 | 강의 보기

鼠 shǔ
sh우
쥐

牛 niú
니↗우
소

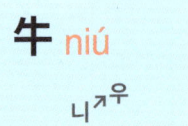

虎 hǔ
후우
호랑이
↪ 보통은 **老虎** lǎohǔ [라↗오 후우] 라고 해요.

兔 tù
투↘
토끼
↪ 보통은 **兔子** tùzi [투↘ 즈] 라고 해요.

龙 lóng
로↗옹
용

蛇 shé
sh으어
뱀

马 mǎ
마아
말

羊 yáng
야↗앙
양

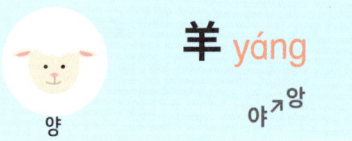

猴 hóu
허↗우
원숭이
↪ 보통은 **猴子** hóuzi [허↗우 즈] 라고 해요.

鸡 jī
찌→
닭

狗 gǒu
거우
개

猪 zhū
zh→우
돼지

학교·회사에서 자주 쓰는 표현

Part 6에서는 학교나 회사에서 친구 또는 직장 동료에게 쓸 수 있는 표현을 배울 거예요. 중국어도 격식을 차리는 표현이 있긴 하지만 우리말처럼 반말과 존댓말 구분이 분명하지는 않기 때문에 친구에게 쓰는 표현을 언니, 오빠나 누나, 형, 선배나 직장 동료, 상사나 어른, 아이에게 모두 사용할 수 있어요.

051 물어보기

잠깐 시간 있어요?
有空吗?

mp3 | 강의 보기

커피 한잔하자고 하거나, 물어볼 것이 있을 때 등 상대방에게 잠시 시간이 있는지 물어볼 때 쓸 수 있는 표현입니다. 有 yǒu는 '가지고 있다'라는 뜻인데, 문장 끝에 의문문을 만드는 吗 ma를 붙이면 '…(이) 있니?', '…(이) 있습니까?'가 됩니다. 空 kòng은 '틈, 짬, 겨를'과 같이 잠깐의 시간적 여유를 의미합니다.

有空吗 ?
Yǒu kòng ma?
여어우 콩↘ 마

단어

有 yǒu 가지고 있다 | **空** kòng 틈, 짬, 겨를 | **吗** ma …니?, …입니까?[의문을 나타냄]

●●● 중국어로 말해 보세요! ●●●

1

잠깐 시간 있어요? 커피 한잔할래요?
有空吗?
Yǒu kòng ma?

좋아요!
好!
Hǎo!

好 hǎo 좋다

2

너 시간 좀 있어?
你有空吗?
Nǐ yǒu kòng ma?

나 바빠.
我很忙。
Wǒ hěn máng.

我 wǒ 나, 저 | **很** hěn 매우, 아주 | **忙** máng 바쁘다

3

나 오늘 쉬는데 너 잠깐 시간 있어?
我今天休息。你有空吗?
Wǒ jīntiān xiūxi. Nǐ yǒu kòng ma?

있지. 나도 쉬어.
有啊。我也休息。
Yǒu a. Wǒ yě xiūxi.

啊 a [뉘앙스를 나타냄] | **也** yě …도, …역시

4

나 오늘 휴가인데 너 잠깐 시간 있어?
我今天休息。你有空吗?
Wǒ jīntiān xiūxi. Nǐ yǒu kòng ma?

아니. 나는 오늘 일이 있어.
没有。我今天有事。
Méi yǒu. Wǒ jīntiān yǒu shì(r).

今天 jīntiān 오늘 | **休息** xiūxi 쉬다 | **事** shì(r) 일

0127

052 할 일 말하기

오늘 밤새워야 해요.
今天要熬夜。

mp3 | 강의 보기

과제나 할 일이 너무 많아서 밤을 새우는 경우가 있는데요, 이처럼 '나 …해야 해.'라고 말할 때 쓸 수 있는 표현입니다. 今天 jīntiān은 '오늘', 要 yào는 '…해야 한다', 熬夜 áoyè는 '밤을 새우다'라는 뜻입니다. 熬夜 대신 加班 jiābān [찌→아 빤→]을 넣으면 '야근해야 한다'는 의미가 됩니다.

今天要熬夜。
Jīntiān yào áoyè.

찐→ 티→엔 야↘오 아↗오이↘에

단어

今天 jīntiān 오늘 | 要 yào …해야 한다 | 熬夜 áoyè 밤을 새우다

🔴🔴🔴 중국어로 말해 보세요! 🔴🔴🔴

1

퇴근 안 하세요?

오늘 밤새워야 해요.
今天要熬夜。
Jīntiān yào áoyè.

2

오늘 밤새워야 해.
今天要熬夜。
Jīntiān yào áoyè.

바빠?
你忙吗?
Nǐ máng ma?

3

나 오늘 밤새워야 해.
今天要熬夜。
Jīntiān yào áoyè.

진짜?
真的吗?
Zhēnde ma?

4

오늘 야근해야 해.
今天要加班。
Jīntiān yào jiābān.

나는 밤새워야 해.
我要熬夜。
Wǒ yào áoyè.

加班 jiābān 초과 근무하다

053 도움주기

도와줄까?
需要帮忙吗?

mp3 | 강의 보기

도움이 필요해 보이는 사람에게 도울 일이 있는지 묻는 표현입니다. 需要 xūyào는 '필요로 하다'라는 뜻인데 문장 끝에 의문문을 만드는 吗 ma를 붙이면 '…가 필요하니?', '…가 필요합니까?'가 됩니다. 帮忙은 '돕다'라는 뜻입니다. '도와줘.'라고 요청하는 표현은 '帮帮我。 Bāngbang wǒ. [빵→방 워→어]', '帮助我。 Bāngzhù wǒ. [빵→zh↘우 워→어]' 라고 합니다.

需要帮忙吗?

需要帮忙吗?
Xūyào bāngmáng ma?
쉬→야↘오 빵→마↗앙 마

단어

需要 xūyào 필요로 하다 | 帮忙 bāngmáng 돕다, 거들다 | 吗 ma …니?, …입니까 [의문을 나타냄]

중국어로 말해 보세요!

1

도와줄까?
需要帮忙吗?
Xūyào bāngmáng ma?

진짜? 고마워.
真的吗? 谢谢。
Zhēnde ma? Xièxie.

2

헐! 망했다.
晕! 完了。
Yūn! Wán le.

도와줄까?
需要帮忙吗?
Xūyào bāngmáng ma?

3

도와줄까? 이거 하면 돼?
需要帮忙吗?
Xūyào bāngmáng ma?

안 돼! 내가 직접 해야 해.
不行!
Bù xíng!

4

도와줄까?
需要帮忙吗?
Xūyào bāngmáng ma?

나 좀 도와줘.
帮帮我。
Bāngbang wǒ.

054
확인하기

준비 다 됐나요?
准备好了吗？

mp3 | 강의 보기

상태를 확인할 때 쓰는 표현입니다. 여기서 好 hǎo는 '모두, 잘'이라는 뜻인데 뒤에 완료를 나타내는 了 le와 의문문을 만드는 吗 ma를 붙이면 '…다 됐니?', '…가 잘 끝났니?'가 됩니다. 准备 zhǔnbèi는 '준비'라는 뜻입니다. 대답은 준비가 다 되었다면 '准备好了。Zhǔnbèi hǎo le. [쮸언뻬이 하아오 러]', 아직 아니라면 '还没。Hái méi. [하이 메이]' 라고 합니다.

准备好了吗？

准备好了吗？
Zhǔnbèi hǎo le ma?
쮸언뻬이 하아오 러 마

단어

准备 zhǔnbèi 준비(하다) | 好 hǎo 모두, 잘 | 了 le [완료를 나타냄] | 吗 ma …니?, …입니까 [의문을 나타냄]

●●● 중국어로 말해 보세요! ●●●

1

준비 다 됐나요?
准备好了吗?
Zhǔnbèi hǎo le ma?

네, 준비 다 됐습니다.
准备好了。
Zhǔnbèi hǎo le.

2

준비 다 끝났어요?
准备好了吗?
Zhǔnbèi hǎo le ma?

아직이요.
还没。
Hái méi.

3

알 유 레디~ 소리 질러~
准备好了吗?
Zhǔnbèi hǎo le ma?

꺄아아아아아!

4

준비 다 됐어요? 도와드릴까요?
准备好了吗? 需要帮忙吗?
Zhǔnbèi hǎo le ma? Xūyào bāngmáng ma?

아직요. 좀 도와줘요.
还没。帮帮我。
Hái méi. Bāngbang wǒ.

055 확인하기

확인해 볼게요.
我确认一下。

mp3 | 강의 보기

바로 대답하지 않고 우선 확인을 해 보고 대답을 해야 할 때, 상대방이 확인을 요청했을 때 사용하는 표현입니다. 确认 quèrèn은 '확인하다'라는 뜻이고 一下 yíxià는 '좀 …하다, 한번 …하다'라는 뜻입니다.

我确认一下。

Wǒ quèrèn yíxià.

워어 취에ㄹ언 이씨아

단어

我 wǒ 나, 저 | 确认 quèrèn 확인하다 | 一下 yíxià 좀 …하다, 한번 …하다

중국어로 말해 보세요!

1

자료를 잘못 보내주신 것 같은데요?

확인해 볼게요.
我确认一下。
Wǒ quèrèn yíxià.

2

메일 드렸습니다. 확인 부탁드려요.

확인해 보겠습니다.
我确认一下。
Wǒ quèrèn yíxià.

3

저녁 6시에 예약 가능할까요?

확인해 보겠습니다.
我确认一下。
Wǒ quèrèn yíxià.

4

체크해 보겠습니다.
我确认一下。
Wǒ quèrèn yíxià.

감사합니다.
谢谢。
Xièxie.

056
안심시키기

문제없어요.
没问题。

mp3 | 강의 보기

할 수 있는지 물어보는 사람, 걱정하는 사람에게 자신 있게 이렇게 말해 보세요. 问题 wèntí 는 '문제'라는 뜻인데, 앞에 부정을 나타내는 没 méi 를 붙여 '문제없다'라는 표현이 되었습니다.

没问题。

没问题。
Méi wèntí.

메↗이 원↘ 티↗이

── 단어 ──

没 méi [부정을 나타냄] | 问题 wèntí 문제

🔴🔴🔴 중국어로 말해 보세요! 🔴🔴🔴

1

도와줄까? 혼자 할 수 있어?
需要帮忙吗?
Xūyào bāngmáng ma?

문제없어요.
没问题。
Méi wèntí.

2

헐! 망했다.
晕! 完了。
Yūn. Wán le.

문제없어.
没问题。
Méi wèntí.

3

좀 도와줘.
帮帮我。
Bāngbang wǒ.

문제없어.
没问题。
Méi wèntí.

4

가능할까요?
可以吗?
Kěyǐ ma?

문제없어요.
没问题。
Méi wèntí.

057 안심시키기

저만 믿으세요.
相信我!

어려운 일이 생겼을 때 해결사가 되어 문제를 해결하기 전에 이렇게 말해 보세요. 相信 xiāngxìn은 '믿다', 我 wǒ는 '나, 저'라는 뜻입니다. 반대로 다른 사람에게 믿는다고 말하고 싶다면 '相信你。xiāngxìn nǐ. [씨→앙씬↘ 니이이] 너를 믿어.' 또는 '我相信你。Wǒ xiāngxìn nǐ. [워어어 씨→앙씬↘ 니이이] 나는 너를 믿어'라고 하면 됩니다.

相信我!
Xiāngxìn wǒ!
씨→앙씬↘ 워어어

단어

相信 xiāngxìn 믿다 | 我 wǒ 나, 저

🟠🟠🟠 중국어로 말해 보세요! 🟠🟠🟠

1

어떡해.

저만 믿으세요.
相信我!
Xiāngxìn wǒ!

2

저를 믿으세요.
相信我!
Xiāngxìn wǒ!

네!
嗯!
Èng!

3

나만 믿어.
相信我!
Xiāngxìn wǒ!

당연하지!
当然!
Dāngrán!

4

저만 믿으세요!
相信我!
Xiāngxìn wǒ!

너만 믿는다.
我相信你。
Wǒ xiāngxìn nǐ.

058
격려하기

수고했어.
辛苦你了。

mp3 | 강의 보기

같이 고생한 친구, 동료에게 이 말 한마디를 건네 보세요. 辛苦 xīnku는 '고생하다'라는 뜻이고, 你 nǐ는 '너, 당신', 了 le는 완료를 나타냅니다. '辛苦了。Xīnku le. [씬→ 쿠 러]'라고 해도 같은 의미입니다. 동년배 사이 또는 윗사람이 아랫사람에게 쓰는 말이에요.

辛苦你了。
Xīnku nǐ le.
씬↘쿠 니ᷱ이 러

단어

辛苦 xīnku 고생하다, 수고하다 | 你 nǐ 너, 당신 | 了 le [완료를 나타냄]

중국어로 말해 보세요!

1

드디어 끝났다!

수고했어.
辛苦你了。
Xīnku nǐ le.

2

방금 과제 마무리해서 제출했어.

고생했어.
辛苦你了。
Xīnku nǐ le.

3

수고했어.
辛苦你了。
Xīnku nǐ le.

고생 많았어.
辛苦你了。
Xīnku nǐ le.

4

수고했어요.
辛苦你了。
Xīnku nǐ le.

수고하셨습니다.
辛苦了。
Xīnku le.

건배!
干杯！

친구, 동료들과의 술자리나 회식 자리 등에서 쓸 수 있는 표현이에요. 하지만 干杯 gànbēi 는 '건배하다, 잔을 비우다'라는 뜻이라 우리나라에서 '건배!'나 '짠!'하고 술잔을 부딪힌 다음 마시지 않고 내려놓거나, 조금만 마시기도 하는 것과 달리 중국 술자리에서는 정말로 잔을 비워 다 마실 때만 잔을 부딪히며 '干杯!'라고 합니다. 비슷한 표현도 알아 보세요.

干杯！
Gànbēi!

깐 뻬→이

干杯 gànbēi 건배하다, 잔을 비우다

●●● 중국어로 말해 보세요! ●●●

1

 우리 건배할까?

건배!
干杯!
Gànbēi!

2

 건배!
干杯!
Gànbēi!

건배!
干杯!
Gànbēi!

3

 자, 자! 같이 마셔!
来来! 一起喝!
Lái lai! Yīqǐ hē!

건배!
干杯!
Gànbēi!

来 lai [다른 사람을 부르거나 재촉하는 말] | 一起 yīqǐ 같이, 함께 | 喝 hē 마시다

4

 진정한 친구라면 원 샷!
感情深, 一口闷!
Gǎnqíng shēn, yīkǒu mēn!

원 샷!
一口闷!
Yīkǒu mēn!

感情深, 一口闷 [가아안 치↗잉 sh언, 이↘ 커어우 먼→] 정이 깊으면 술을 한 번에 쭉 들이키다

060 인사하기

그럼 나 먼저 갈게.
那我先走了。

mp3 | 강의 보기

친구나 동료들보다 먼저 가봐야 할 경우가 종종 있는데요. 이렇게 말해 보세요. 那 nà는 '그럼, 그러면'이라는 뜻이고, 先 xiān은 '우선, 먼저', 走 zǒu는 '가다'라는 뜻입니다. 동사를 바꾸어 '나 먼저 …할 게'라는 문장을 만들 수도 있습니다.

那我先走了。

那我先走了。
Nà wǒ xiān zǒu le.
나ˇ 워ˇ어 씨→엔 저ˇ우 러

단어

那 nà 그럼, 그러면 | 先 xiān 우선, 먼저 | 走 zǒu 가다 | 了 le [예정되거나 가정적인 동작에 쓰임]

중국어로 말해 보세요!

1

그럼 나 먼저 갈게.
那我先走了。
Nà wǒ xiān zǒu le.

잘 가!
再见!
Zàijiàn!

2

저는 야근해야 해요.
我要加班。
Wǒ yào jiābān.

그럼 나 먼저 갈게.
那我先走了。
Nà wǒ xiān zǒu le.

加班 jiābān 초과 근무하다

3

나는 조금 있다 먹을래.

그럼 나 먼저 먹을게.
那我先吃了。
Nà wǒ xiān chī le.

吃 chī [ch→을] 먹다

4

오늘 밤새워야 해.
今天要熬夜。
Jīntiān yào áoyè.

그럼 나 먼저 잘게.
那我先睡了。
Nà wǒ xiān shuì le.

今天 jīntiān 오늘 | 熬夜 áoyè 밤을 새다 | 睡 shuì [sh우에이] 자다

●●● 중국어로 응원 메시지를 보내자! ●●●

네 글자로 표현한 응원과 격려의 메시지입니다.
응원이 필요한 친구나 동료에게 따뜻하게 한 마디 건네 보세요.

mp3 | 강의 보기

나는 네 편이야. / 나는 너를 지지해. / 나는 너를 응원해.
我支持你。
Wǒ zhīchí nǐ.

나는 너를 믿어.
我相信你。
Wǒ xiāngxìn nǐ.

포기하지 마.
不要放弃。
Búyào fàngqì.

실망하지 마.
不要失望。
Búyào shīwàng.

낙심하지 마. / 자신감을 잃지 마.
不要灰心。
Búyào huīxīn.

밥 먹으러 갈 때, 식당에서 자주 쓰는 표현

'니 츠퐐 러 마?'는 우리말 욕과 비슷해서 가장 많이 들어본 중국어 표현이고 개그 소재로도 많이 쓰였죠? Part 7에서는 '밥'과 관련된 표현을 배울 거예요. 매일 밥 먹을 때마다 배운 표현을 떠올린다면 절대 잊어버리지 않겠죠?

061 식사여부 묻기

밥 먹었어?
你吃饭了吗?

mp3 | 강의 보기

'니 츠팔 러 마?'는 한 번쯤 들어 본 적 있죠? 상대방에게 식사를 했는지 물어보는 표현입니다. 吃饭 chī fàn은 '밥을 먹다'라는 뜻이고, 완료를 나타내는 了 le와 의문을 만드는 吗 ma를 붙이며 '밥 먹었니?'가 됩니다. 대답을 할 때는 '我吃了。Wǒ chī le. [워어어 ch→을 러] 나 먹었어.'또는 '还没 Hái méi. [하↗이 메↗이] 아직 안 먹었어.'라고 말할 수 있습니다.

你吃饭了吗?

你吃饭了吗?

Nǐ chī fàn le ma?

니↗이이 ch→을 f↘안 러 마

> 단어
>
> 你 nǐ 너, 당신 | 吃饭 chīfàn 밥을 먹다 | 了 le [완료를 나타냄] | 吗 ma …니?, …입니까?[의문을 나타냄]

중국어로 말해 보세요!

1

밥 먹었어?
你吃饭了吗?
Nǐ chīfàn le ma?

응.
嗯。
Èng/

2

밥 먹었어?
你吃饭了吗?
Nǐ chīfàn le ma?

나는 먹었어.
我吃了。
Wǒ chī le.

3

밥 먹었어?
你吃饭了吗?
Nǐ chīfàn le ma?

이미 먹었어.
已经吃了。
Yǐjīng chī le.

已经 yǐjīng [잉잉찌→응] 이미, 벌써

4

밥 먹었어?
你吃饭了吗?
Nǐ chīfàn le ma?

아직 안 먹었어.
还没。
Hái méi.

062 상태 말하기

입맛 없어.
没胃口。

mp3 | 강의 보기

가끔은 입맛이 없어서 밥을 먹고 싶지 않을 때가 있죠. 중국어로는 '입맛'이라는 뜻의 胃口 wèikǒu 앞에 '…이 없다'는 뜻의 没 méi만 붙이면 됩니다.

没胃口。

没胃口。
Méi wèikǒu.
메ㄱ이 웨ㄴ이 커ㅓ우

단어

没 méi …이 없다 | 胃口 wèikǒu 입맛

중국어로 말해 보세요!

1

밥 먹었어?
你吃饭了吗?
Nǐ chīfàn le ma?

아직 안 먹었어.
还没。
Hái méi.

왜?
为什么?
Wèi shénme?

입맛 없어.
没胃口。
Méi wèikǒu.

为什么 wèi shénme [웨↘이 셔↗언 머] 왜

2

밥 먹었어?
你吃饭了吗?
Nǐ chīfàn le ma?

입맛이 없어.
没胃口。
Méi wèikou.

왜 그래?
怎么了?
Zěnme le?

나 너무 긴장돼.
我很紧张。
Wǒ hěn jǐnzhāng.

怎么了 zěnme le 왜 그래? | **很** hěn 너무, 아주 | **紧张** jǐnzhāng 긴장하다

063 식사 대접하기

내가 쏠게!
我请客!

mp3 | 강의 보기

가족이나 친구, 지인들에게 밥을 사며 '내가 낼게!', '내가 쏠게!'라고 말할 때가 있죠? 중국어로는 이렇게 말합니다. '나, 저'라는 뜻의 我 wǒ 뒤에 '한 턱 내다'라는 뜻의 동사 请客 qǐngkè를 붙이면 됩니다. 기분 좋은 날, 지인들에게 한 턱 내며 이렇게 말해 보세요.

我请客!
Wǒ qǐngkè!
워⤴어 치⤵이잉크⤵어

단어

我 wǒ 나, 저 | **请客** qǐngkè 한 턱 내다

🔴🔴🔴 중국어로 말해 보세요! 🔴🔴🔴

1

내가 쏠게!
我请客!
Wǒ qǐngkè!

뭐야, 오늘 무슨 날이야?

2

제가 한 턱 낼게요.
我请客!
Wǒ qǐngkè!

감사합니다.
谢谢。
Xièxie.

3

오늘은 내가 쏠게!
今天我请客。
Jīntiān wǒ qǐngkè.

진짜?
真的吗?
Zhēnde ma?

今天 jīntiān

4

생일 축하해!
祝你生日快乐。
Zhù nǐ shēngrì kuàilè.

고마워. 오늘은 내가 쏜다!
谢谢。我今天请客。
Xièxie. Wǒ jīntiān qǐngkè.

064 주문하기

나는 볶음밥 먹을래.
我要吃炒饭。

mp3 | 강의 보기

먹고 싶은 것을 말할 때 이렇게 말해 보세요. 要 yào는 '…하고 싶다'는 뜻입니다. '我要吃… Wǒ yào chī… 나는 …을 먹고 싶다' 뒤에 원하는 음식 이름만 말하면 됩니다. '볶음밥'을 뜻하는 炒饭 chǎofàn은 '炒 chǎo 볶다'와 '饭 fàn 밥'으로 이루어진 단어입니다.

我要吃炒饭。

我要吃炒饭。
Wǒ yào chī chǎofàn.
워어 야오 ch→을 차아오f↘안

단어

我 wǒ 나, 저 | 要 yào …하고 싶다, …를 원하다 | 吃 chī 먹다 | 炒饭 chǎofàn 볶음밥

중국어로 말해 보세요!

1

밥 먹었어?
你吃饭了吗?
Nǐ chīfàn le ma?

아직 안 먹었어.
还没。
Hái méi.

내가 쏠게!
我请客!
Wǒ qǐngkè.

나는 마라탕 먹을래.
我要吃麻辣烫。
Wǒ yào chī málàtāng.

麻辣烫 málàtāng [마아아라↘탕→] 마라탕

2

내가 쏠게!
我请客!
Wǒ qǐngkè.

나는 볶음밥 먹을래.
我要吃炒饭。
Wǒ yào chī chǎofàn.

나는 짜장면 먹을래.
我要吃炸酱面。
Wǒ yào chī zhájiàngmiàn.

나는 꿔바로우 먹을래.
我要吃锅包肉。
Wǒ yào chī guōbāoròu.

炸酱面 zhájiàngmiàn [zh↗아 찌→앙 미↘엔] 짜장면 | **锅包肉** guōbāoròu [꾸→오어 빠↘오 ㅓ↘우] 꿔바로우

065 메뉴 물어보기

너 뭐 마시고 싶어?
你想喝什么？

mp3 | 강의 보기

중국어는 '먹다 吃 chī'와 '마시다 喝 hē' 구분이 명확해서 국, 수프, 물, 음료 등은 '마시다'라는 뜻의 동사 喝 hē를 사용합니다. 想 xiǎng은 '…하고 싶다'는 뜻입니다. 什么 shénme는 '무엇'이라는 뜻의 의문사로 문장 끝에 吗 ma를 붙이지 않아도 의문문이 됩니다. 대답은 '我想喝… Wǒ xiǎng hē… 나는 …을 마실래', '我要… Wǒ yào… 나는 …을 원해' 라고 합니다.

你想喝什么?

你想喝什么？
Nǐ xiǎng hē shénme?
니↗이 씨↘앙 흐→어 sh↗언머

단어
你 nǐ 너, 당신 | 想 xiǎng …하고 싶다 | 喝 hē 마시다 | 什么 shénme 무엇

중국어로 말해 보세요!

1

너 뭐 마실래?
你想喝什么?
Nǐ xiǎng hē shénme?

나는 커피 마시고 싶어.
我想喝咖啡。
Wǒ xiǎng hē kāfēi.

咖啡 kāfēi [카→f→에이] 커피

2

너 뭐 마실래?
你想喝什么?
Nǐ xiǎng hē shénme?

아이스 아메리카노.
冰美式。
Bīng měishì.

冰 bīng [삥→] 얼음, 차가운 | 美式 měishì [메ㄱ이 sh↘을] 아메리카노(=美式咖啡 měishì kāfēi)

3

너 뭐 마실래?
你想喝什么?
Nǐ xiǎng hē shénme?

나는 콜라 마시고 싶어.
我想喝可乐。
Wǒ xiǎng hē kělè.

可乐 kělè [크으어르↘어] 콜라

4

너 뭐 마실래?
你想喝什么?
Nǐ xiǎng hē shénme?

나는 주스 마실래.
我要果汁。
Wǒ yào guǒzhī.

果汁 guǒzhī [구오어 zh→을] 주스

066 요청하기

메뉴판 주세요.
菜单。

mp3 | 강의 보기

직원이 메뉴판을 가져다주지 않았거나, 식사 도중에 추가 주문이 필요할 때 가볍게 직원을 부르고 이렇게 말해 보세요. 菜单 càidān은 '메뉴, 메뉴판'이라는 뜻이지만 한 단어만 말해도 '메뉴판 가져다주세요.'가 됩니다.

菜单。

菜单。
Càidān.
차↘이 딴→

단어

菜单 càidān 메뉴, 메뉴판

중국어로 말해 보세요!

1

메뉴판 주세요.
菜单。
Càidān.

네, 가져다 드리겠습니다.

2

필요한 것 있으세요?

메뉴판 주세요.
菜单。
Càidān.

3

메뉴판 달라고 하자.

메뉴판 주세요.
菜单。
Càidān.

4

우리 뭐 좀 더 주문할까?

메뉴판 달라고 할게. **메뉴판 주세요.**
菜单。
Càidān.

067 주문하기

주문할게요.
点菜。

mp3 | 강의 보기

주문할 때 '주문하다'라는 단어 하나만 말하면 됩니다. 点菜 diǎncài는 '주문하다'라는 뜻의 点 diǎn과 '음식, 요리'라는 뜻의 菜 cài가 합쳐져 만들어진 단어입니다. '我要… Wǒ yào…' 표현을 활용해서 '我要点菜。Wǒ yào diǎncài. 주문하고 싶어요.'라고 말하거나, 문장 끝에 吧 ba를 붙여 '点菜吧 。Diǎncài ba. 주문하자.'라는 표현을 만들 수 있습니다.

点菜。
Diǎncài.
디 엔차↘이

 단어

点菜 diǎncài 요리를 주문하다

중국어로 말해 보세요!

1

메뉴판 주세요.
菜单。
Càidān.

나는 볶음밥 먹을래.
我要吃炒饭。
Wǒ yào chī chǎofàn.

나는 짜장면 먹을래.
我要吃炸酱面。
Wǒ yào chī zhájiàngmiàn.

주문이요.
点菜。
Diǎncài.

菜单 càidān 메뉴, 메뉴판 | 炒饭 chǎofàn 볶음밥 | 炸酱面 zhájiàngmiàn 짜장면

2

너 뭐 마실래?
你想喝什么?
Nǐ xiǎng hē shénme?

아이스 아메리카노.
冰美式。
Bīng měishì.

나는 라떼 마실래.
我想喝拿铁。
Wǒ xiǎng hē nátiě.

주문할게요.
点菜。
Diǎncài.

冰美式 bīng měishì 아이스 아메리카노 | 拿铁 nátiě [나ㄱ아 티에] 카페라테

068 맛 표현하기

너무 맛있어!
很好吃。

mp3 | 강의 보기

맛있다고 표현할 때 이렇게 말해 보세요. 很 hěn은 '매우, 아주'라는 뜻이고, 好吃 hǎochī는 '맛있다'라는 뜻입니다. 문장 끝에 吗 ma를 붙이면 '好吃吗? Hǎochī ma? 맛있어(요)?'라는 질문이 됩니다. '맛이 없다'는 앞에 부정을 나타내는 不 bù를 붙여 '不好吃。Bù hǎochī. 맛이 없어(요).'라고 합니다.

很好吃。

很好吃。
Hěn hǎochī.

흐ㄱ언 하아오ch→을

단어

很 hěn 너무, 아주 | 好吃 hǎochī 맛있다

●●● 중국어로 말해 보세요! ●●●

1

 먹어 봐. 어때?

너무 맛있어!
很好吃。
Hěn hǎochī.

2

 맛있다!
很好吃。
Hěn hǎochī.

진짜 맛있다!
真好吃。
Zhēn hǎochī.

真 zhēn [zh→언] 진짜(로), 정말(로)

3

 맛있어?
好吃吗?
Hǎochī ma?

맛있어.
很好吃。
Hěn hǎochī.

4

 맛있어?
好吃吗?
Hǎochī ma?

맛없어.
不好吃。
Bù hǎochī.

069 맛 표현하기

조금 짜.
有点儿咸。

중국어로 음식의 맛을 표현을 해 볼까요? 有点儿 yǒudiǎnr은 '조금, 약간'이라는 뜻이고, 咸 xián은 '짜다'라는 뜻입니다. 대화문을 보며 짠맛 이외에도 단맛, 쓴맛, 신맛, 매운맛 등 음식의 맛을 표현할 수 있는 다른 단어들을 함께 알아 두세요.

有点儿咸。
Yǒudiǎnr xián.
여우디알 시엔

단어

有点儿 yǒudiǎnr 조금, 약간 | **咸** xián 짜다

중국어로 말해 보세요!

1

맛이 어때?

조금 짜.
有点儿咸。
Yǒudiǎnr xián.

2

설탕을 많이 넣은 것 같은데…
맛 좀 봐줘.

조금 달아.
有点儿甜。
Yǒudiǎnr tián.

甜 tián [티↗엔] 달다

3

그 한약 많이 써?

조금 써.
有点儿苦。
Yǒudiǎnr kǔ.

苦 kǔ [쿠↓우] 쓰다

4

조금 셔.
有点儿酸。
Yǒudiǎnr suān.

조금 매워.
有点儿辣。
Yǒudiǎnr là.

酸 suān [쑤→안] 시다 | 辣 là [라↘] 맵다

070
계산하기

계산이요.
买单。

mp3 | 강의 보기

식사를 하고 나서 계산을 해야겠죠? 买单 mǎidān은 '계산하다, 지불하다'라는 뜻인데, 한 단어만 말해도 '계산해 주세요.'라는 요청이 됩니다. 밥을 사거나 대접하는 상황에서 '我请客。Wǒ qǐngkè. 내가 쏠게!' 대신 '我买单。Wǒ mǎidān. 내가 낼 게.'라고 해도 됩니다.

买单。
Mǎidān.
마아이딴→

단어

买单 mǎidān 계산하다, 지불하다

중국어로 말해 보세요!

1

계산이요.
买单。
Mǎidān.

계산 도와 드리겠습니다.

2

계산하시겠어요?
买单吗?
Mǎidān ma?

계산할게요.
买单。
Mǎidān.

3

배불러 죽겠어.
饱死了。
Bǎo si le.

계산할게요.
买单。
Mǎidān.

饱 bǎo [바오] 배부르다

4

내가 쏠게! 계산이요.
我买单。买单。
Wǒ mǎidān. Mǎidān.

고마워. 덕분에 잘 먹었어.
谢谢。
Xièxie.

음식 이름 정도는 말할 수 있다!

 즐겨 먹는 음식 이름을 중국어로 알아볼까요?
알고 먹으면 더 맛있고, 중국에 여행 가서 자신 있게 주문할 수 있습니다.

mp3 | 강의 보기

짜장면

炸酱面
zhájiàngmiàn
zh↗아 찌→앙 미↘엔

꿔바로우

锅包肉
guōbāoròu
꾸→오어 빠→오 r ㅓ↘우

볶음밥

炒饭
chǎofàn
챠↓오f↘안

마파두부

麻婆豆腐
mápódòufu
마↗ 포↗어 떠↘우 f우

훠궈

火锅
huǒguō
후↓오 어 꾸→오어

북경식 오리구이

烤鸭
kǎoyā
카↓오 야→

양꼬치

羊肉串(儿)
yángròuchuàn(r)
야↗앙 r ㅓ↘우 ch→우안(왈)

탕후루

糖葫芦
tánghúlu
타↗앙 후↗ 루

168 다섯 글자로 끝내는 중국어 표현 100

PART 08

쇼핑할 때 자주 쓰는 표현

Part 8에서는 쇼핑과 관련된 표현을 배울 거예요. 중국 현지에 가서 쇼핑할 때 쓸 수도 있고, 타오바오나 티엔몰 등 인터넷 쇼핑할 때도 활용할 수 있어요. 추가 표현들과 형용사, 색깔 관련 단어들까지 기억하는 것을 목표로 공부해 보세요.

071 물어보기

너 뭐 살 거야?
你要买什么？

mp3 | 강의 보기

쇼핑하러 가기 전이나 쇼핑하면서 무엇을 살 예정인지 물어볼 때 쓰는 표현입니다. 买 mǎi는 '사다'라는 뜻인데, 앞에 '…하려고 한다'라는 뜻의 要 yào가 붙으면 '사려고 하다'가 됩니다. '무엇'을 나타내는 의문사 什么 shénme로 의문문을 만듭니다.

你要买什么?

你要买什么？

Nǐ yào mǎi shénme?

니이 야↘오 마↘아이 sh↗언머

― 단어 ―

你 nǐ 너, 당신 | **要** yào …할 것이다, …하려고 한다 | **买** mǎi 사다 | **什么** shénme 무엇

중국어로 말해 보세요!

1

 나 백화점 진짜 오랜만에 왔어.

너 뭐 살 거야?
你要买什么?
Nǐ yào mǎi shénme?

2

 아울렛 좀 가야겠어.

뭐 사려고?
你要买什么?
Nǐ yào mǎi shénme?

3

 너 뭐 살 거야?
你要买什么?
Nǐ yào mǎi shénme?

나는 티셔츠 좀 사려고.

4

 너 뭐 사려고?
你要买什么?
Nǐ yào mǎi shénme?

나는 운동화 사려고.

072 살 것 말하기

나는 티셔츠 사려고.
我要买T恤。

mp3 | 강의 보기

사려고 하는 것을 말할 때 쓰는 표현으로, '你要买什么？Nǐ yào mǎi shénme? 너 뭐 살 거야?'에 대한 대답으로도 쓸 수 있습니다. '나는 …을 사려고 한다'는 뜻의 '我要买 Wǒ yào mǎi' 뒤에 사려고 하는 물건의 이름만 바꾸어 구입할 계획을 말해 보세요.

我要买T恤。

我要买T恤。
Wǒ yào mǎi T xù.
워어어야↘오 마아이 티 쒸↘

단어

我 wǒ 나, 저 | 要 yào …할 것이다, …하려고 한다 | 买 mǎi 사다 | T恤 T xù 티셔츠

●●● 중국어로 말해 보세요! ●●●

1

너 뭐 살 거야?
你要买什么?
Nǐ yào mǎi shénme?

나는 티셔츠 사려고.
我要买 T 恤。
Wǒ yào mǎi T xù.

너는 뭐 살 거야?
你要买什么?
Nǐ yào mǎi shénme?

나는 바지 사려고.
我要买裤子。
Wǒ yào mǎi kùzi.

裤子 kùzi [쿠ˇ즈] 바지

2

너 뭐 살거야?
你要买什么?
Nǐ yào mǎi shénme?

나는 원피스 사고 싶어.
我要买连衣裙。
Wǒ yào mǎi liányīqún.

너는 뭐 사려고?
你要买什么?
Nǐ yào mǎi shénme?

나는 운동화 사려고.
我要买运动鞋。
Wǒ yào mǎi yùndòngxié.

连衣裙 liányīqún [리↗엔이↘취↗인] 원피스 | 运动鞋 yùndòngxié [윈↘똥↘씨↗에] 운동화

173

073 가능여부 묻기

입어 봐도 되나요?
可以试穿吗？

mp3 | 강의 보기

옷이나 신발을 사러 가서 입거나 신어 봐도 되는지 물어보는 표현입니다. '입다', '신다' 모두 중국어로 동사 穿 chuān을 사용합니다. 试穿 shìchuān은 '시험 삼아 입어 보다/신어 보다'라는 뜻입니다. '…해도 될까요?'라는 의미의 '可以…吗？Kěyǐ … ma?'를 활용해서 물어보세요.

可以试穿吗?

可以试穿吗？
Kěyǐ shìchuān ma?
크ㅈ어이이이 sh̀을 ch→우안 마

단어

可以 kěyǐ 가능하다, 해도 된다 | 试穿 shìchuān 입어 보다 | 吗 ma …니?, …입니까?[의문을 나타냄]

중국어로 말해 보세요!

1

입어 봐도 되나요?
可以试穿吗?
Kěyǐ shìchuān ma?

물론이죠.

2

이거 너한테 잘 어울릴 것 같아.
한 번 입어 봐.

입어 봐도 되나요?
可以试穿吗?
Kěyǐ shìchuān ma?

3

입어 봐도 될까요?
可以试穿吗?
Kěyǐ shìchuān ma?

네, 입어 보세요.
可以。
Kěyǐ.

可以 kěyǐ 가능하다, 해도 된다

4

입어 볼 수 있나요?
可以试穿吗?
Kěyǐ shìchuān ma?

안 됩니다.
不可以。
Bù kěyǐ.

不可以 bù kěyǐ 불가능하다, 안 된다

074 어울리는지 묻기

나한테 어울려?
适合我吗?

mp3 | 강의 보기

살까 말까 고민할 때 함께 쇼핑 간 일행에게 어울리는지 물어보게 되는데요. 중국어로 어울리는지 물어보는 표현은 '어울리다'라는 뜻의 适合 shìhé를 활용합니다. 어울리는지 물어보고 싶은 물건이 있다면 문장 맨 앞에서 언급해 주면 됩니다.

适合我吗?

适合我吗?
Shìhé wǒ ma?

sh↘을흐↗어 워↘어 마

단어

适合 shìhé 어울리다 | **我** wǒ 나, 저 | **吗** ma …니?, …입니까?[의문을 나타냄]

중국어로 말해 보세요!

1

나한테 어울려?
适合我吗?
Shìhé wǒ ma?

응! 그거 완전 네 건데?

2

저한테 어울리나요?
适合我吗?
Shìhé wǒ ma?

잘 어울려요.
适合你。
Shìhé nǐ.

3

나랑 잘 어울려?
适合我吗?
Shìhé wǒ ma?

너한테 안 어울려.
不适合你。
Bú shìhé nǐ.

그럼 이건? 나한테 어울려?
适合我吗?
Shìhé wǒ ma?

진짜 예쁘다! 잘 어울려.
适合你。
Shìhé nǐ.

075 감탄하기

진짜 예쁘다!
真漂亮！

mp3 | 강의 보기

진짜 예쁜 것, 귀여운 것을 봤을 때 저절로 감탄사가 나오지 않나요? 중국어로 '진짜(로), 정말(로)'라는 뜻의 真 zhēn 뒤에 형용사를 말하면 '정말 …하다!'라는 감탄사가 됩니다. 漂亮 piàoliang은 '예쁘다'라는 뜻입니다. 표현이 익숙해졌다면 '好看 hǎokàn [하아오 칸↘] 예쁘다', '可爱 kě'ài [크으어 아↘이] 귀엽다'를 넣은 문장도 연습해 보세요.

真漂亮!

真漂亮！

Zhēn piàoliang!

zh→언 피아오 리앙

단어

真 zhēn 진짜로, 정말로 | **漂亮** piàoliang 예쁘다

중국어로 말해 보세요!

1

이거 어때?

진짜 예쁘다!
真漂亮!
Zhēn piàoliang!

2

여행 갔다가 네 생각 나서 사왔어.

너무 예쁘다!
真漂亮!
Zhēn piàoliang!

3

나한테 어울려?
适合我吗?
Shìhé wǒ ma?

너무 예뻐!
真漂亮!
Zhēn piàoliang!

4

너무 예뻐!
真好看!
Zhēn hǎokàn!

너무 귀여워!
真可爱!
Zhēn kě'ài!

好看 hǎokàn 아름답다, 근사하다, 보기 좋다 | **可爱** kě'ài 귀엽다

076
불만 표현하기

조금 커요.
有点儿大。

mp3 | 강의 보기

사이즈가 맞지 않을 때 이 표현을 활용해서 불만족스러운 부분을 말할 수 있습니다. 有点儿 yǒudiǎnr은 '조금, 약간'이라는 뜻이고 大 dà는 '크다'라는 뜻입니다. 표현이 익숙해졌다면 '小 xiǎo [씨아오] 작다', '紧 jǐn [지이인] 꽉 끼다'를 넣은 문장도 연습해 보세요.

有点儿大。

有点儿大。
Yǒudiǎnr dà.
여ㄱ우디ㅏ아ㄹ 따ㄴ

단어

有点儿 yǒu diǎnr 조금, 약간 | 大 dà 크다

🗨️ 중국어로 말해 보세요! 🗨️

1

사이즈 괜찮으세요?

조금 커요.
有点儿大。
Yǒudiǎnr dà.

한 사이즈 작은 걸로 입어 보세요.

딱 맞네요.
正好。
Zhènghǎo.

正好 zhènghǎo [쩐↘엉 하↗아오] 꼭 알맞다, 딱 맞다

2

사이즈 괜찮으세요?

조금 작아요.
有点小。
Yǒudiǎnr xiǎo.

이건 어떠세요?

좀 껴요.
有点紧。
Yǒudiǎnr jǐn.

小 xiǎo 작다 | 紧 jǐn 꽉 끼다

077 색깔 물어보기

빨간색 있어요?
有红色吗？

mp3 | 강의 보기

물건을 살 때 다른 색이 있는지 물어보는 경우가 있죠? '…이 있나요?'라는 뜻의 '有…吗? Yǒu … ma?'를 활용하면 원하는 색깔이 있는지 물어볼 수 있습니다. 红色 hóngsè는 '빨간색'이라는 뜻입니다. 원하는 색깔을 넣어 문장을 만들어 보세요. 대답은 있는 경우 '有。Yǒu. [여우] 있어요.', 없는 경우 '没有。Méi yǒu. [메ㄱ이 여우어] 없어요.'라고 합니다.

有红色吗?

有红色吗？
Yǒu hóngsè ma?
여어우 호ㄱ옹쓰ㄱ어 마

단어

有 yǒu 있다 | **红色** hóngsè 빨간색 | **吗** ma …니?, …입니까?[의문을 나타냄]

중국어로 말해 보세요!

1

빨간색 있어요?
有红色吗?
Yǒu hóngsè ma?

있어요.
有。
Yǒu.

노란색 있어요?
有黄色吗?
Yǒu huángsè ma?

없어요.
没有。
Méi yǒu.

黄色 huángsè [후와앙 쓰↘어] 노란색

2

파란색 있어요?
有蓝色吗?
Yǒu lánsè ma?

있어요.
有。
Yǒu.

다른 색깔 있어요?
有别的颜色吗?
Yǒu biéde yánsè ma?

없어요.
没有。
Méi yǒu.

蓝色 lánsè [라↗안쓰↘어] 파란색 | 别的 biéde [비↗에 더] 다른 | 颜色 yánsè [이↗옌쓰↘어] 색깔

078 가격 묻기

얼마예요?
多少钱?

mp3 | 강의 보기

쇼핑할 때 뿐만 아니라 음식점에서, 교통 수단을 이용할 때, 입장권을 구입할 때 등 가격이 궁금할 때 언제, 어디서든 활용할 수 있는 유용한 표현입니다. 多少 duōshao는 '얼마'라는 뜻이고, 钱 qián은 '가격'이라는 뜻입니다. 多少만으로 의문문의 되기 때문에 의문사는 따로 붙이지 않습니다.

多少钱?
Duōshao qián?
뚜→오어 sh아오 치ㅡ엔

단어

多少 duōshao 얼마 | 钱 qián 값, 비용

중국어로 말해 보세요!

1

얼마예요?
多少钱?
Duōshao qián?

300 위안입니다.

2

얼마예요?
多少钱?
Duōshao qián?

죄송합니다. 그건 비매품이에요.
不好意思。
Búhǎo yìsi.

3

너무 예뻐!
真漂亮!
Zhēn piàoliang!

사 줄게. 얼마예요?
多少钱?
Duōshao qián?

4

너무 귀여워! 이 인형 사주세요!
真可爱!
Zhēn kě'ài!

얼마예요?
多少钱?
Duōshao qián?

079 흥정하기

깎아주세요.
便宜点儿。

mp3 | 강의 보기

야시장 같은 곳에서 물건을 살 때 흥정은 필수죠! '싸다, 저렴하다'라는 뜻의 便宜 piányi 뒤에 '조금, 약간'이라는 뜻의 (一)点儿 (yī)diǎnr만 붙이면 됩니다. 쇼핑할 때 유용하게 쓰는 표현이니 잘 기억해 두세요.

便宜点儿。

便宜点儿。
Piányi diǎnr.

피↗엔이 디↘알

단어

便宜 piányi 싸다 | 点儿 yǒudiǎnr 조금, 약간

중국어로 말해 보세요!

1

얼마예요?
多少钱?
Duōshao qián?

500 위안입니다.

깎아주세요.
便宜点儿。
Piányi diǎnr.

그래요. 450 위안에 드릴게요.
好。
Hǎo.

2

얼마예요?
多少钱?
Duōshao qián?

1,000 위안입니다.

좀 깎아주세요.
便宜点儿。
Piányi diǎnr.

안 돼요. 남는 게 없어요.
不可以。
Bù kěyǐ.

080 흥정하기

너무 비싸요.
太贵了。

mp3 | 강의 보기

가격이 비싸다고 말하며 흥정해 보세요. '너무 …하다'라는 뜻의 '太…了 Tài … le'안에 '비싸다'라는 뜻의 형용사 贵 guì만 넣으면 됩니다. 표현이 익숙해졌다면 형용사를 바꾸어 활용해 보세요.

太贵了。

太贵了。
Tài guì le.

타↘이 꾸에이 러

단어

太…了 tài … le 너무 …하다 | 贵 guì 비싸다

●●● 중국어로 말해 보세요! ●●●

입어봐도 되나요?
可以试穿吗?
Kěyǐ shìchuān ma?

네, 입어보셔도 돼요.
可以。
Kěyǐ.

저한테 어울리나요?
适合我吗?
Shìhé wǒ ma?

너무 예뻐요!
太漂亮了。
Tài piàoliang le.

얼마예요?
多少钱?
Duōshao qián?

500 위안입니다.

너무 비싸요.
太贵了。
Tài guì le.

깎아주세요.
便宜点儿。
Piányi diǎnr.

그래요. 450위안에 드릴게요.
好。
Hǎo.

색깔 정도는 말할 수 있다!

색깔을 나타내는 단어를 중국어로 알아보세요.

mp3 | 강의 보기

빨간색
红色
hóngsè
호↗옹쓰↘어

주황색
橙色
chéngsè
ch↗엉쓰↘어

노란색
黄色
huángsè
후와↗앙쓰↘어

초록색
绿色
lǜsè
뤼↘쓰↘어

파란색
蓝色
lánsè
라↗안쓰↘어

남색
深蓝色
shēnlánsè
sh→언 라↗안쓰↘어

보라색
紫色
zǐsè
즈↘으쓰↘어

갈색
咖啡色
kāfēisè
카→ f→에이쓰↘어

분홍색
粉红色
fěnhóngsè
f→언↘어 호↗옹쓰↘어

하늘색
浅蓝色
qiǎnlánsè
치↘엔 라↗안쓰↘어

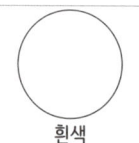
흰색
白色
báisè
바↗이쓰↘어

검정색
黑色
hēisè
흐→에이쓰↘어

만남부터 헤어짐까지 연인 사이에 자주 쓰는 표현

연애는 솜사탕같이 달콤하다가도 싸울 땐 마라 맛이 되기도 하는데요. Part 9에서는 연인 사이에 쓸 수 있는 표현을 배울 거예요. Part 9 학습이 끝나고 나면 달달한 사랑 고백도, 다툴 때 쓰는 표현도 말할 수 있습니다.

081
애정 표현하기

나는 너를 사랑해.
我爱你。

사랑한다는 의미의 '워 아이 니'는 정확한 한자와 성조까지는 아니더라도 많이 들어 본 표현일 거예요. 我 wǒ는 '나', 爱 ài는 '사랑하다', 你 nǐ는 '너'를 의미합니다. 우리말과 중국어의 어순이 다른 점에 유의하면서 爱 대신 다른 동사를 넣은 문장을 보며 중국어 어순 감각까지 길러 보세요.

我爱你。

Wǒ ài nǐ.

워ᅳ어 아↘이 니ᅵ이

단어

我 wǒ 나, 저 | 爱 ài 사랑하다 | 你 nǐ 너, 당신

●●● 중국어로 말해 보세요! ●●●

1

나는 너를 사랑해.
我爱你。
Wǒ ài nǐ.

나도 널 사랑해.
我也爱你。
Wǒ yě ài nǐ.

也 yě …도, …역시

2

나는 네가 보고싶어.
我想你。
Wǒ xiǎng nǐ.

나도 네가 보고싶어.
我也想你。
Wǒ yě xiǎng nǐ.

想 xiǎng [씨앙] 그립다, 보고싶다

3

나는 너를 좋아해.
我喜欢你。
Wǒ xǐhuan nǐ.

나도 너를 좋아해.
我也喜欢你。
Wǒ yě xǐhuan nǐ.

喜欢 xǐhuan [씨이 환] 좋아하다

4

나는 네가 미워.
我讨厌你。
Wǒ tǎoyàn nǐ.

나도 너 미워.
我也讨厌你。
Wǒ yě tǎoyàn nǐ.

讨厌 tǎoyàn 미워하다, 싫어하다

082 애정 확인하기

나 사랑해?
爱我吗？

mp3 | 강의 보기

가끔은 알면서도 사랑한다는 말이 듣고 싶어서 물어보기도 해요. 爱 ài는 '사랑하다', 我 wǒ는 '나'를 의미합니다. 문장 뒤에 의문문을 만드는 吗 ma만 붙이면 됩니다. 爱 대신 다른 단어를 넣은 문장까지 확인하며 중국어 의문문의 어순까지 익혀 보세요.

爱我吗？
Ài wǒ ma?

아↘이 워↘어 마

단어

爱 ài 사랑하다 | 我 wǒ 나 | 吗 ma …니?, …입니까?[의문을 나타냄]

🔴🔴🔴 중국어로 말해 보세요! 🔴🔴🔴

1

나 사랑해?
爱我吗?
Ài wǒ ma?

나는 너를 사랑해.
我爱你。
Wǒ ài nǐ.

나 보고 싶어?
想我吗?
Xiǎng wǒ ma?

나는 네가 보고 싶어.
我想你。
Wǒ xiǎng nǐ.

想 xiǎng 그립다, 보고 싶다

2

나 좋아해?
喜欢我吗?
Xǐhuan wǒ ma?

나는 너를 좋아해.
我喜欢你。
Wǒ xǐhuan nǐ.

나 미워?
讨厌我吗?
Tǎoyàn wǒ ma?

나는 네가 안 미워.
我不讨厌你。
Wǒ bù tǎoyàn nǐ.

喜欢 xǐhuan 좋아하다 | **讨厌** tǎoyàn 미워하다, 싫어하다

083 선물 주고받기

이게 뭐야?
这是什么？

mp3 | 강의 보기

이 표현은 꼭 선물을 주고받을 때뿐만 아니라 무엇인지 물어보고 싶을 때 언제든지 사용할 수 있는 표현입니다. '이것'라는 뜻의 这 zhè 뒤에 '…이다'라는 뜻의 是 shì을 붙이면 '이것은 …이다(입니다)'라는 문장이 됩니다. '무엇'이라는 뜻의 의문사 什么 shénme를 붙이면 의문문이 됩니다. 대답은 '这是…。Zhè shì…. 이것은 …야(입니다).'라고 합니다.

这是什么?

这是什么？
Zhè shì shénme?

즈↘어 슈↘을 슈↗언머

단어

这 zhè 이것 | 是 shì …이다, …입니다 | 什么 shénme 무엇

●●● 중국어로 말해 보세요! ●●●

1

 이게 뭐야?
这是什么?
Zhè shì shénme?

이건 선물이야.
这是礼物。
Zhè shì lǐwù.

礼物 lǐwù [리이우] 선물

2

 이게 뭐야?
这是什么?
Zhè shì shénme?

이건 네 거야.
这是你的。
Zhè shì nǐ de.

的 de …의 (것)

3

 이게 뭐야?
这是什么?
Zhè shì shénme?

이건 내 마음이야.
这是我的心。
Zhè shì wǒ de xīn.

心 xīn [씬] 마음

4

 이게 뭐야?
这是什么?
Zhè shì shénme?

이건 내 (작은) 성의야.
这是我的(一点儿)心意。
Zhè shì wǒ de (yīdiǎnr)xīnyì.

一点儿 yīdiǎnr [이디알] 조금 | 心意 xīnyì [씬이] 마음, 성의

084 선물 주고받기

마음에 들면 좋겠어.
希望你喜欢。

선물과 함께 이 표현을 건네 보세요. 希望 xīwàng은 '바라다'라는 뜻으로, 뒤에 바라는 것을 말하면 됩니다. 이 문장에서는 '你喜欢 nǐ xǐhuān 네가 좋아하다'가 붙어서 '네가 좋아했으면 좋겠다', '네 마음에 들면 좋겠다'는 의미가 되었습니다.

希望你喜欢。

希望你喜欢。
Xīwàng nǐ xǐhuan.

씨→왕↘ 니이 시이환

단어

希望 xīwàng 바라다, 희망하다 | **你** nǐ 너, 당신 | **喜欢** xǐhuan 좋아하다

중국어로 말해 보세요!

생일 축하해.
生日快乐!
Shēngrì kuàilè!

고마워.
谢谢。
Xièxie.

이건 뭐야?
这是什么?
Zhè shì shénme?

이건 선물이야.
这是礼物。
Zhè shì lǐwù.

진짜?
真的吗?
Zhēnde ma?

마음에 들면 좋겠어.
希望你喜欢。
Xīwàng nǐ xǐhuān.

고마워.
谢谢。
Xièxie.

별 거 아니야.
不客气。
Búkè qi.

085 애정 표현하기

나는 너 밖에 없어.
我只有你。

mp3 | 강의 보기

'나는 너밖에 없어', '너뿐이야'라는 달달한 표현을 알아볼까요? '오직, 단지'라는 뜻의 只 zhǐ 을 '있다'라는 뜻의 有 yǒu 앞에 붙이면 '…뿐이다'라는 뜻이 됩니다. 주어 자리에 我 wǒ는 '나', 목적어 자리에 你 nǐ는 '너'를 의미합니다. 목적어 자리에 你 대신 이름이나 애칭을 넣어 말할 수 있습니다.

我只有你。

我只有你。
Wǒ zhǐ yǒu nǐ.

워ㄱ어 zhㄱ을 여ㄱ우 니ㅇ이

단어

我 wǒ 나, 저 | 只 zhǐ 오직, 단지 | 有 yǒu 있다 | 你 nǐ 너, 당신

중국어로 말해 보세요!

1

나 사랑해?
爱我吗?
Ài wǒ ma?

나는 너 밖에 없어.
我只有你。
Wǒ zhǐ yǒu nǐ.

나도 너 밖에 없어.
我也只有你。
Wǒ yě zhǐ yǒu nǐ.

사랑해.
我爱你。
Wǒ ài nǐ.

2

미워!
讨厌!
Tǎoyàn!

내가 미워?
讨厌我吗?
Tǎoyàn wǒ ma?

응, 너 싫어.
嗯, 我讨厌你。
Èng, Wǒ tǎoyàn nǐ.

나는 너 밖에 없는걸.
我只有你。
Wǒ zhǐ yǒu nǐ.

086 말다툼하기

내가 어떻게 알아!
我怎么知道!

mp3 | 강의 보기

가끔은 연인끼리 다투기도 하죠? 그냥 모른다고 말할 것도 '내가 어떻게 알아!'하고 뾰족하게 쏘아붙이기도 하고요. 중국어로는 '我知道。Wǒ zhīdào. 나는 안다'라는 문장에서 '어떻게'라는 뜻의 怎么 zěnme를 '알다'라는 뜻의 知道 zhīdào 앞에 넣으면 됩니다.

我怎么知道!
Wǒ zěnme zhīdào!

워어 저으언머 zh을따오

我 wǒ 나, 저 | **怎么** zěnme 어떻게 | **知道** zhīdào 알다

중국어로 말해 보세요!

1

내 마음을 왜 몰라!

내가 어떻게 알아!
我怎么知道!
Wǒ zěnme zhīdào!

미워! 몰라, 나도 다 몰라!
讨厌!
Tǎoyàn!

너는 왜 모르는데?
你怎么不知道!
Nǐ zěnme bù zhīdào!

不知道 bù zhīdào 모르다

2

나는 알아.
我知道。
Wǒ zhīdào.

네가 어떻게 알아!
你怎么知道?
Nǐ zěnme zhīdào?

나는 다 알아. 너는 어떻게 몰라?
我都知道。你怎么不知道?
Wǒ dōu zhīdào. Nǐ zěnme bù zhīdào?

나는 아무것도 몰라.
我都不知道。
Wǒ dōu bù zhīdào.

都 dōu [떠→우] 모두

087 말다툼하기

화내지 마.
你别生气了。

mp3 | 강의 보기

상대방에게 화내지 말라고 말해 볼까요? 別…了 bié … le는 '…하지 마'라는 뜻으로 금지를 나타냅니다. 生气 shēngqì는 '화나다, 화내다'라는 뜻입니다. 이 표현을 활용하면 화낼 때뿐만 아니라 '…하지 마'라고 금지하는 다양한 상황에서 활용할 수 있습니다.

你别生气了。

你别生气了。
Nǐ bié shēngqì le.
니이 비에 sh→엉치↘ 러

단어

你 nǐ 너, 당신 | 别…了 bié … le …하지 마라 | 生气 shēngqì 화나다, 화내다

중국어로 말해 보세요!

1

화내지 마.
你别生气了。
Nǐ bié shēngqì le.

알았어.
知道了。
Zhīdào le.

2

너무해!
真是的!
Zhēnshi de!

화내지 마.
你别生气了。
Nǐ bié shēngqì le.

3

너 미워.
我讨厌你。
Wǒ tǎoyàn nǐ.

화내지 마.
你别生气了。
Nǐ bié shēngqì le.

4

내가 어떻게 알아?
我怎么知道!
Wǒ zěnme zhīdào!

화내지 마.
你别生气了。
Nǐ bié shēngqì le.

088
말다툼하기

다음에 다시 얘기하자.
下次再说吧。

mp3 | 강의 보기

말다툼을 하다 보면 상처 주는 말을 하거나, 서로 이해나 양보하지 않고 자기 입장에서 했던 말을 되풀이할 때가 있죠? 다음에 다시 이야기하자는 말은 중국어로는 이렇게 표현합니다. 下次 xiàcì는 '다음 번', 再 zài는 '다시', 说 shuō는 '말하다'라는 뜻이고, 문장 끝의 吧 ba는 '…하자'를 나타냅니다. 연인 사이뿐만 아니라 논의를 다음으로 연기할 때도 쓸 수 있어요.

下次再说吧。

下次再说吧。
Xiàcì zài shuō ba.

씨↘아↗ 츠↘ 짜↘이 sh→오어 바

단어

下次 xiàcì 다음 번 | 再 zài 다시 | 说 shuō 말하다 | 吧 ba …하자

중국어로 말해 보세요!

1

다음에 다시 얘기하자.
下次再说吧。
Xiàcì zài shuō ba.

왜? 지금 얘기하자.

2

화내지 마.
你别生气了。
Nǐ bié shēngqì le.

다음에 얘기하는 게 좋겠어.
下次再说吧。
Xiàcì zài shuō ba.

3

나 슬슬 졸려. 자야겠어.

그래, 내일 다시 얘기하자.
明天再说吧。
Míngtiān zài shuō ba.

明天 míngtiān [미ㅗ잉 티→엔] 내일

4

나 지금은 조금 바쁜데……

이따가 다시 말해 줄게.
一会儿再说吧。
Yíhuìer zài shuō ba.

一会儿 yíhuìr [이ㅗ 후ㅗ얼] 이따가, 잠시 후에

089 말다툼하기

무슨 뜻이야?
什么意思?

mp3 | 강의 보기

상대방이 한 말의 의미를 잘 파악하지 못했을 때 묻는 표현입니다. 什么 shénme는 '무슨'이라는 뜻이고, 意思 yìsi는 '뜻, 의미'입니다. 말다툼하는 상황이 아닌 일상 대화에서도 자주 사용하는 표현이니 잘 기억해 두세요.

什么意思?

什么意思?
Shénme yìsi?
sh ⁊언머 이 ⌄쓰

단어

什么 shénme 무슨 | 意思 yìsi 의미, 뜻

208 다섯 글자로 끝내는 중국어 표현 100

🟠🟠🟠 중국어로 말해 보세요! 🟠🟠🟠

1

 그만하자.

무슨 뜻이야?
什么意思?
Shénme yìsi?

2

 무슨 말이야?
什么意思?
Shénme yìsi?

아무 것도 아니야.

3

 欧巴!

무슨 말이야?
什么意思?
Shénme yìsi?

欧巴 ōubā 오빠 [우리말 '오빠' 발음과 유사하게 만든 말]

4

 欧尼!

무슨 뜻이야?
什么意思?
Shénme yìsi?

欧尼 ōuní 언니 [우리말 '언니' 발음과 유사하게 만든 말]

090
이별하기

우리 헤어져.
我们分手吧。

mp3 | 강의 보기

헤어지자고 할 때 이렇게 말합니다. '우리 …하자'라는 뜻의 '我们…吧 Wǒmen … ba' 사이에 '헤어지다'라는 뜻의 分手 fēnshǒu만 넣으면 됩니다. 分手 대신 다른 단어를 넣어 제안하는 문장을 만들 수도 있습니다.

我们分手吧。

我们分手吧。
Wǒmen fēn shǒu ba.
워어먼 f→언셔우 바

단어

我们 wǒmen 우리(들) | 分手 fēn shǒu 헤어지다, 이별하다 | 吧 ba …하자

중국어로 말해 보세요!

1

우리 헤어져.
我们分手吧。
Wǒmen fēnshǒu ba.

그래. 헤어지자.

2

자기야, 왜 그래?

우리 그만 만나자.
我们分手吧。
Wǒmen fēnshǒu ba.

3

우리 뭐 할까?

우리 밥 먹자.
我们吃饭吧。
Wǒmen chī fàn ba.

吃饭 chī fàn 밥을 먹다

4

우리 토요일에 뭐 할까?

우리 영화 보자.
我们看电影吧。
Wǒmen kàn diànyǐng ba.

看电影 kàn diànyǐng [칸↘ 띠엔↘이이응] 영화를 보다

중국 친구와 대화를 나누자!

중국 사람과 대화를 나눌 때 유용한 표현을 모았습니다.
음원을 여러 번 듣고 따라 하며 알아 두었다가 필요할 때 말해 보세요.

mp3 | 강의 보기

나 중국어 할 줄 알아. / 나 중국어 배웠어.
我会说汉语。
Wǒ huì shuō Hànyǔ.

알아 들었어. / 이해했어.
听得懂。
Tīng de dǒng.

못 알아들었어.
我没听懂。
Wǒ méi tīng dǒng.

천천히 말해 줘.
慢点(儿)说。
Màn diǎn(r) shuō.

다시 한 번 말해 줘.
请再说一遍。
Qǐng zài shuō yí biàn.

중국 사람들이 SNS에서 자주 쓰는 표현

Part 10에서는 SNS에서 자주 쓰는 표현을 배울 거예요. 'SNS로 중국 친구 만들기', '중국 친구들과 소통하기'를 목표로 공부해도 좋고, 우선 중국어 한 마디, 중국어 해시태그 하나를 SNS에 자신 있게 써서 올리는 것을 목표로 공부하는 것도 좋습니다.

091 팔로우하기

인스타 팔로우 해.
加个 ins 吧！

mp3 | 강의 보기

팔로우나 친구 추가를 해 달라고 말해 봅시다. '…에 추가해'라는 의미의 '加个…吧！Jiā gè … ba!' 사이에 어플 이름만 넣으면 됩니다. 인스타그램은 줄여서 ins라고 합니다. '친구 추가 했어.'는 我加你了。Wǒ jiā nǐ le.라고 합니다. 加 대신 '关注 guānzhù [꾸→안 zh↘우] 팔로우하다'를 사용할 수도 있습니다.

'\ 加个ins吧! /'

加个 ins 吧！
Jiā gè ins ba!
찌→아 끄↘어 인쓰 바

 단어

加 jiā 더하다, 추가하다 | 吧 ba …해(라)

중국어로 말해 보세요!

1

인스타 팔로우 해.
加个ins吧!
Jiā gè ins ba!

팔로우 했어.
我加你了。
Wǒ jiā nǐ le.

ins 인스타그램

2

위챗 친구 추가 해.
加个微信吧!
Jiā gè Wēixìn ba!

친구 추가 했어.
我加你了。
Wǒ jiā nǐ le.

微信 Wēixìn [웨→이 씬↘] 위챗(WeChat)

3

나 팔로우 해 줘.
加我吧!
Jiā wǒ ba!

했어.
我加你了。
Wǒ jiā nǐ le.

4

나 팔로우 해 줘.
关注我吧!
Guānzhù wǒ ba!

팔로우 했어.
我关注你了。
Wǒ guānzhù nǐ le.

关注 guānzhù 팔로우하다, 관심을 가지다

092 친해지기

인친님~
亲爱的

mp3 | 강의 보기

亲爱的 qīn'ài de는 '친애하는, 사랑하는'이라는 의미로, 원래 연인 사이에서 '자기야'라고 부르는 말이지만 인스타그램 '인친님', 블로그 '이웃님' 등 SNS 친구나 팔로워를 부르거나, 온라인 쇼핑몰에서 고객을 응대할 때 친근하게 부르는 말로도 사용됩니다. 친근하게 '亲亲 qīnqīn'이라고도 하는데, 亲亲은 '뽀뽀'를 의미하기도 합니다.

亲爱的
Qīn'ài de

친→아↘이 더

 단어

亲爱的 Qīn'ài de [SNS상의 친구를 부르는 말]; 자기야[연인 사이에 부르는 말]

중국어로 말해 보세요!

1

인친님~
亲爱的
Qīn'ài de

자주 소통해요!

2

팔로우 했어요.
我加你了。
Wǒ jiā nǐ le.

이웃님, 반가워요.
亲爱的
Qīn'ài de.

3

문의 좀 드리려고요.

고객님~ 어떤 것을 도와드릴까요?

亲亲
Qīnqīn

4

자기야~
亲爱的
Qīn'ài de

자기야~ 뽀뽀!
亲爱的, 亲亲!
Qīn'ài de, qīnqīn!

093 핫플 인증하기

#SNS핫플
网红餐厅

mp3 | 강의 보기

SNS에서 유명한 곳 '핫플레이스'를 나타내는 신조어입니다. 网红 wǎnghóng은 원래 인터넷에서 유명한 사람, 즉, 인플루언서를 가리키는 말인데, 网红 뒤에 단어를 붙이면 SNS에서 유명한 것을 나타냅니다. 餐厅 cāntīng은 '음식점'을 의미합니다.

#网红餐厅

网红餐厅
Wǎnghóng cāntīng

와아앙 호↗옹 찬→ 티→응

단어

网红餐厅 wǎnghóng cāntīng SNS에서 유명한 음식점, 핫플레이스

🔴🔴🔴 중국어로 말해 보세요! 🔴🔴🔴

1

#핫한 음식점
#网红餐厅
Wǎnghóng cāntīng

같이 가자!

2

#예쁜카페
#网红咖啡厅
Wǎnghóng kāfēitīng

가 보고 싶어!

3

#핫한 음식
#网红料理
Wǎnghóng liàolǐ

이거 〈나 혼자 산다〉에서 봤어!

4

#핫플
#网红店
Wǎnghóng diàn

@리리제제 여기 가자!

094 리액션하기

ㅋㅋㅋ
哈哈哈

mp3 | 강의 보기

메시지 보내거나 글이나 댓글을 쓸 때 ㅋㅋㅋ, ㅎㅎㅎ를 자주 쓴다면 이 표현을 익혀두세요. 哈哈 hāhā는 '하하'하고 크게 웃는 소리를 나타내는 의성어인데, 인터넷에서 ㅋㅋㅋ, ㅎㅎㅎ와 같은 의미로도 사용합니다.

哈哈哈
Hā hā hā

하→ 하→ 하→

단어

哈哈 hāhā 하하[크게 웃는 소리를 나타냄]

●●● 중국어로 말해 보세요! ●●●

1

이것 좀 봐ㅋㅋㅋ

ㅋㅋㅋ
哈哈哈
Hā hā hā

이것도 웃기지?

ㅎㅎㅎ
哈哈哈
Hā hā hā

2

ㅋㅋㅋ
哈哈哈
Hā hā hā

ㅋㅋㅋ
哈哈哈
Hā hā hā

웃겨 죽겠어.
笑死了。
Xiào sǐ le.

ㅋㅋㅋ 웃겨 죽겠어.
哈哈哈 笑不活了。
Hā hā hā Xiào bù huó le.

笑 xiào [씨아오] 웃다 | 不活了 bù huó le [뿌˨ 후ㄱ어˨ 러] 못 살겠다(=죽겠다)

095 공유하기

공유해요.
我分享一下。

mp3 | 강의 보기

인터넷 기사나 웃긴 것, 쇼핑 아이템, 각종 정보나 링크 등을 공유할 때 이렇게 말해 보세요. 分享 fēnxiǎng은 '나누다, 공유하다'라는 뜻이고 喝 yíxià는 '좀 …하다, 한번 …하다'라는 뜻입니다.

我分享一下。
Wǒ fēnxiǎng yíxià.

워ˇ어 f→언씨ˇ앙 이↗씨↘아

단어

我 wǒ 나, 저 | 分享 fēnxiǎng 나누다, 공유하다 | 一下 yíxià 좀 …하다

중국어로 말해 보세요!

1

공유해요.
我分享一下。
Wǒ fēnxiǎng yíxià.

赞
Zàn

赞 zàn [짠↘] (SNS 상의) 좋아요

2

공유할게.
我分享一下。
Wǒ fēnxiǎng yíxià.

ㅋㅋㅋ 웃겨 죽겠어.
哈哈哈 笑死了。
Hā hā hā Xiào sǐ le.

3

공유할게.
我分享一下。
Wǒ fēnxiǎng yíxià.

헐! 진짜야 가짜야?
晕! 真的假的?
Yūn! Zhēn de jiǎ de?

真的 zhēn de 진짜 | 假的 jiǎ de 가짜, 거짓

4

공유합니다.
我分享一下。
Wǒ fēnxiǎng yíxià.

확인해 볼게요.
我确认一下。
Wǒ quèrèn yíxià.

确认 quèrèn 확인하다

096 추천받기

하나 추천해 주세요.
推荐一个吧。

mp3 | 강의 보기

물건을 사기 전에 다른 사람에게 추천을 부탁할 때가 있죠? 推荐 tuījiàn은 '추천하다', 一个 yí ge는 '한 개'라는 뜻입니다. 문장 끝에 吧 ba를 붙여 상대방의 의견을 구하는 뉘앙스를 나타냅니다. SNS뿐만 아니라 음식점에서 메뉴를 추천받거나, 쇼핑할 때 어울리는 것을 추천받을 때 등 다양한 상황에서 추천받을 때 사용할 수 있습니다.

推荐一个吧。

推荐一个吧。
Tuījiàn yí ge ba.

투→에이찌↘엔 이↗ 끄↘어 바

 단어

推荐 tuījiàn 추천하다 | **一个** yí ge 한 개, 하나 | **吧** ba …해 주세요

🗨️ 중국어로 말해 보세요! 🗨️

1

광군제 때 뭐 살까요? 하나 추천해 주세요.
推荐一个吧。
Tuījiàn yí ge ba.

제가 직구 리스트 공유할게요.

2

추천해 주세요.
推荐一个吧。
Tuījiàn yí ge ba.

이게 저희 가게 베스트 메뉴에요.

3

추천 좀 주세요.
推荐一个吧。
Tuījiàn yí ge ba.

이 색이 어울리실 것 같아요.

4

추천 부탁드려요.
推荐一个吧。
Tuījiàn yí ge ba.

이건 어떠세요?

097
온라인 쇼핑하기

주문했어요.
下单了。

mp3 | 강의 보기

온라인 쇼핑뿐만 아니라 매장에서 주문했을 때, 비즈니스 할 때도 사용할 수 있는 표현입니다. 下单 xià dān은 '주문하다'라는 뜻이고, 了 le는 완료를 나타냅니다. 주문했는지 물어보고 싶을 때는 문장 끝에 吗 ma만 붙여서 '下单了吗? Xià dān le ma? 주문했어?'라고 합니다. '아직 안 했어'라고 말하고 싶을 때는 还没。Hái méi.라고 합니다.

下单了。

Xià dān le.

씨↘아 딴→ 러

단어

下单 xià dān 주문하다 | 了 le [완료를 나타냄]

중국어로 말해 보세요!

1

공유해요.
我分享一下。
Wǒ fēnxiǎng yíxià.

주문했어요.
下单了。
Xià dān le.

2

주문했어요.
下单了。
Xià dān le.

감사합니다.
谢谢。
Xièxie.

3

주문했어?
下单了吗?
Xià dān le ma?

주문했어.
下单了。
Xià dān le.

4

주문했어?
下单了吗?
Xià dān le ma?

아직 안 했어.
还没。
Hái méi.

098 리액션하기

대박이야!
绝了！

mp3 | 강의 보기

绝了는 '대박, 대박이야, 끝내준다'라는 표현입니다. 이런 리액션 표현은 통문장으로 외워 두었다가 알맞은 상황에서 활용하는 것이 좋습니다. 일상생활 속에서 우리말로 말할 때마다 한 번씩만 떠올려도 금방 표현을 내 것으로 만들 수 있습니다

绝了！

绝了！
Jué le!
쥐에 러

 단어

绝 jué 끝내주다 | **了** le [성질·상태를 강조함]

중국어로 말해 보세요!

1

 우리 팀이 1등이야!

대박이야.
绝了!
Jué le!

2

 이것 좀 들어 봐.

죽이는데?
绝了!
Jué le!

3

 새로 올라온 영상 봤어?

쩐다!
绝了!
Jué le!

4

 대박이다!
绝了!
Jué le!

미쳤다!
绝了!
Jué le!

099 리액션하기

완전 꿀잼!
超搞笑!

mp3 | 강의 보기

너무 웃긴 것을 봤을 때 이렇게 말해 보세요. 超 chāo는 영어의 super에 해당하고, 搞笑 gǎo xiào는 '웃기다'라는 뜻입니다. 超 뒤에 형용사를 바꾸어 다양한 리액션을 연습해 보세요.

超搞笑!
Chāo gǎo xiào!
ch→아오 가_아오 씨아오

단어

超 chāo 초(super) | 搞笑 gǎo xiào 웃기다

🌑🌑🌑 중국어로 말해 보세요! 🌑🌑🌑

1

 그거 재미있어?

완전 꿀잼!
超搞笑。
Chāo gǎo xiào.

2

 이거 어때?

진짜 최고야!
超棒!
Chāo bàng!

棒 bàng [빵↘] 최고

3

  얘가 우리 집 강아지 후추야.
어때? 귀엽지?

너무 귀여워!
超可爱。
Chāo kě'ài.

可爱 kě'ài 귀엽다

4

  #전갈꼬치
#蝎子串(儿)
xiēzi chuàn(r)

나 먹어봤어. 대박 맛있어!
我吃过。超好吃。
Wǒ chī guò. Chāo hǎochī.

蝎子 xiēzi [씨→에 즈] 전갈 | **串(儿)** chuàn(r) [ch↘왈] 꼬치

100 리액션하기

멘붕이야.
崩溃了。

mp3 | 강의 보기

'멘붕'을 경험해 본 적 있으시죠? '멘붕이야.'는 중국어로 이렇게 표현합니다. 崩溃 bēngkuì 는 원래 '붕괴하다'라는 뜻인데, 신조어로 '멘붕'을 의미합니다. 了 le는 변화를 나타냅니다. 일상생활에서 멘붕이었던 상황을 떠올리며 감정을 실어 연습해 보세요.

崩溃了。

崩溃了。
Bēngkuì le.

뼁→쿠에이 러

단어

崩溃 bēngkuì 붕괴하다 | 了 le [완료·상태 변화를 나타냄]

중국어로 말해 보세요!

1

헐!
晕!
Yūn!

멘붕이야.
崩溃了。
Bēngkuì le.

2

어떻게 된거야?
怎么回事!
Zěnme huí shì!

멘붕이야.
崩溃了。
Bēngkuì le.

怎么 zěnme 어떻게 | **回** huí [후에이] 되다 | **事** shì(r) [sh↘얼] 일

3

멘붕이야.
崩溃了。
Bēngkuì le.

조급해하지 마.
别着急。
Bié zháojí.

别 bié …하지 마라 | **着急** zháojí 조급하다

4

멘붕이야.
崩溃了。
Bēngkuì le.

도와줄까?
需要帮忙吗?
Xūyào bāngmáng ma?

需要 xūyào 필요하다 | **帮忙** bāngmáng 도와주다

요즘 중국어 표현을 알아보자!

유행어, 신조어로 시작해서 일상에서 자주 쓰게 된 표현들을 알아보세요.
어울리는 상황에서 센스 있게 한 마디 건네 보세요.

mp3 | 강의 보기

이렇게 하는 것 괜찮아?
这样OK吗?
Zhèyàng oukei ma?

zh↘어↘ 양↘ 오우 크에이 마

포기하면 안 돼! / 끝까지 파이팅!
你一定要Hold住!
Nǐ yídìng yào hould zhù.

니↘이 이↗ 띠↘응 야↘오 호울드 zh↘우

나는 완전 괜찮아. / 나는 전혀 신경 안 써.
我完全不Care。
Wǒ wánquán bu kier.

워↘어 와↗안 취↗엔 뿌 크에얼

나 너무 힘들어. / 나 스트레스 많이 받고 힘들어.
我太南了。
Wǒ tài nán le.

워↘어 타↘이 나↗안 러

234 다섯 글자로 끝내는 중국어 표현 100